U0583850

北京第二外国语学院国际日本研究中心主办

International
Japanese Studies

国际日本研究

杨 玲◎主编

第1辑

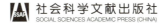

社会科学文献出版社
SOCIAL SCIENCES ACADEMIC PRESS (CHINA)

《国际日本研究》编委会

主　　编　　杨　玲

学术顾问　　苏　琦　　严安生　　严绍璗

名誉编委　　曹大峰　　郭连友　　刘晓峰　　彭广陆　　邱　鸣
　　　　　　宿久高　　孙　歌　　王中忱　　修　刚　　徐一平
　　　　　　张　威　　赵华敏

编　　委　　陈秀武　　葛继勇　　侯　越　　江新兴　　李铭敬
　　　　　　李运博　　路　邈　　马　骏　　秦　刚　　盛文忠
　　　　　　宋金文　　孙佳音　　孙建军　　王　成　　毋育新
　　　　　　张文颖　　张玉来　　周异夫　　周　阅　　朱鹏霄

执行主编　　张晓明　　沈　晨

编　　务　　段静宜　　菅田阳平　　彭雨新　　朴丽华
　　　　　　王丽华　　张　旭

目　录

主编寄语

　　《国际日本研究》是由北京第二外国语学院日语学院、国际日本研究中心主办，社会科学文献出版社发行的学术集刊。

　　《国际日本研究》主要致力于国际视野下日本问题的前沿研究。所谓"国际视野"，不仅仅包含地理概念意义上的"国际"，更重要的是在顺应全球发展变革中，在顺应新时代、新文科、新外语的学科变革中所需要去努力展示出的一种新的视野和发展的态势。毋庸置疑，这也正是当下日语语言文学学科发展到今天所需要面对的局势，在发挥日语语言文学学科传统优势和积淀的基础上，以复合学科中、跨学科研究中重要元素的身份去推动日语语言文学学科新的发展。所谓守正创新中的学科复合也正是外语学科今后发展的希望所在。因此，"国际视野"首先涵盖的是复合学科与跨学科中日语语言文学学科动态发展的新视野。《国际日本研究》希望通过日本研究界学者们的研究去追踪学科复合的趋势，探寻学科复合融合的方向，并借此捕捉日语语言文学学科改革发展的新视界。"国际视野"的第二层含义是"多元化"，从多元的立场、视角、思维方式等，对日本研究这一宏观问题意识进行批判性研究和讨论。而"国际视野"的最后一层含义才是地理概念意义上的"国际"，它一方面包含了"区域"与"国别"的概念，另一方面，除挖掘中国的本土研究之外，在东亚乃至亚洲、欧洲、美洲甚至非洲都涵盖在内的"国际"范围内去寻找日本问题、挖掘日本问题，从全球视野聚焦日本问题进行研究，这也正是日语语言文学学科未来的发展方向、是《国际日本研究》的使命所在。

　　《国际日本研究》立足日语语言文学学科改革，超越"语言"的界限，致力于通过学科复合、多元化、全球化三个维度的国际视野不断推动日本问题研究。《国际日本研究》能够迈出这一步离不开对人类命运的人文关怀，也源自北京第二外国语学院"复语复合"的人才培养理念和多语种跨学科的学科构建与学术人才储备。

"君子和而不同"，《国际日本研究》将努力为日本研究界打造一个新的学术平台，为日语语言文学学科的改革与发展尽绵薄之力，期待学界同仁惠赐佳作。

北京第二外国语学院日语学院院长、国际日本研究中心主任

杨 玲

2021 年 6 月 17 日

特　稿

诺曼之死

——冷战结构中的自由观

孙　歌[*]

[摘　要] 赫伯特·诺曼的人生是 20 世纪下半叶世界史的一个见证。作为外交官，作为历史学家，作为拥有人道主义情怀的思考者，诺曼经历了一段最严酷的世界史。20 世纪 50 年代美国的麦卡锡主义旋风，无情地吞噬了诺曼的生命，也打碎了美国式民主的神话。今天回顾诺曼的生涯，意味着体会历史的变迁过程，在历史中思考人类的尊严。

[关键词] 赫伯特·诺曼　日本现代史　麦卡锡主义　冷战

赫伯特·诺曼（E. Herbert Norman，1909～1957）是一位加拿大外交官，也是杰出的日本史学者。他的一生短暂却充满波澜，在某种意义上，他以自己的生命见证了一段剧烈变动的世界史，而这段世界史，也以激烈的方式把他推上了那个时代的前沿。

一　传道士家庭

我们先来了解一下诺曼的家庭背景。

诺曼的父母都是加拿大出生的英国移民二代，他的家庭有着双重文化认同背景。诺曼的父亲达尼埃尔（Daniel Norman），年轻的时候家境贫寒，靠半工半读才完成了大学的学业。达尼埃尔进入大学大概是 1890 年前后，在这个时期，达尼埃尔深入阅读了马克思的著作，广泛接触了社会主义思

---

* 孙歌：中国社会科学院文学研究所研究员、北京第二外国语学院日语学院特聘教授，研究领域为日本思想史。

想。在大学期间他参加进步的社团集会。毕业之后，由于家庭的原因，他立志成为牧师。而他所属的教派，在基督教会中具有激进的民主主义倾向，特别是对于资本主义造成的贫富差别，有强烈的批判精神。

达尼埃尔在 1897 年被派到日本传教，他去了长野县。长野县是山区，在整个日本是比较贫困和闭塞的一个县。条件相对好一些的地方是长野市，可是那里的百姓多数信奉佛教，基督教根本没有办法插足。于是达尼埃尔就去了北部山区，在更闭塞、更贫穷的地方安了家，和当地的农民打成一片。

达尼埃尔的传教事业，并不仅限于传播福音书，他花费非常多的精力，为当地农民解决生计问题，提高他们的生产技能，改善他们的生活质量。他建立了一个农村福音学校，专门培训年轻农民，教授现代种植技术，包括一些西方的蔬菜，也是达尼埃尔引进了种植的方法。据说长野县现在还有一种果酱，这种果酱就是根据达尼埃尔的传授制造出来的。

传教事业对于达尼埃尔来说，最根本的意义在于改善人们的贫穷愚昧状况，所以他在教授生产技能的同时，也尽量为当地人开设了一些文化课程。他的夫人凯瑟琳（Catherine Norman），就曾经在他创办的学校里教授过好几年英语。由于种种努力，这位来自加拿大的传教士被当地的日本农民接受，人们不把他当外人，就连孩子们都亲切地把他称为"诺曼老先生"。

二 成长与教育

1909 年，赫伯特·诺曼出生在长野。他是三个孩子里最小的一个，和哥哥姐姐一样，因为当地没有合适的小学可上，所以他们的初等学业完全是跟着母亲完成的。凯瑟琳是一个很专业的教师，她每天按照正规的教育方式在家里上课，孩子们在课间休息的时候，会到外面和日本孩子们一起玩耍。每天到了晚上，吃过晚饭，母亲会拿出家里珍藏的欧洲古典文学作品，给孩子们一本接一本地朗读。

诺曼虽然出生在长野，从小和日本孩子一起玩耍，也在一定程度上掌握了日语，但是他的教育从一开始就是用英语进行的。传教士的家庭，培养了诺曼严格自律的生活习惯。而母亲每天晚上朗读的欧洲古典文学作品，培养了诺曼深厚的欧洲式人道主义情怀。这些童年的经历伴随着他成长，开启了他后来的人生。

11岁时，诺曼离家去了神户。神户是日本一个较早开放的也相对繁华的港口城市，聚集了很多外国人。诺曼进入了神户的加拿大学院，这是一所专门给传教士的孩子们开设的学校，诺曼很快崭露头角，成为众人瞩目的优等生。他的同学后来回忆，少年时期的诺曼就已经非常有绅士风度，大家都很喜欢他。

诺曼在日本度过的童年和少年时代，基本上和大正时期以及昭和的前几年相重合。对于日本来说，这是一段剧烈动荡的历史，发生了很多残酷的事件。但是一直在英语世界里生活的诺曼，恐怕在那个时候对日本社会还没有深入了解。他对日本社会的深入了解，始于在学成之后，开始进行日本研究的时候。

诺曼在1927年回到加拿大，大学毕业之后，在1933年，他去了剑桥大学攻读历史。1936年学成回国后，他在加拿大的大学里谋得了一个教职。不过诺曼更想做的事是找到一份能让他长期留在日本的工作。这不仅仅因为他的父母还在长野生活，更重要的是，他希望深入地展开他已经开始了的日本史研究。为此他向加拿大外交部提交了工作申请，经过几番周折，外交部录取了他。于是他被派往东京。自此，诺曼开始了外交官生涯。

三　剑桥时代与反法西斯斗争

我们再回过头来了解一下诺曼早期人生中那些重要的节点。1927年，诺曼从日本回到了加拿大，1929年考入加拿大最好的大学——多伦多大学。这也是他的父亲和哥哥曾经就读过的大学。诺曼选择了古典研究专业，这个专业难度很高，需要精通拉丁文、希腊文，以便阅读非常深奥的资料和著作。通常选择古典研究专业的学生，会成为两耳不闻窗外事的书斋型学者，但是诺曼并非如此。从小受到的熏陶，使得他没有办法不关心当时的社会状况。

1929年刚好是全球性经济大萧条时期，加拿大出现了非常明显的贫富分化加剧和大量的失业、贫困、饥饿等社会问题。诺曼非常热心地关注着当时的政治动向，他激烈地批判当时执政的保守党，支持具有进步倾向的社会民主党候选人参与选举。在这一系列的活动当中，诺曼逐渐形成了他进步的、具有基督教人道主义特征的博爱精神，在其后的人生中，他进行的每一次选择和决断都与这种精神基调息息相关。

1933年，诺曼从多伦多大学毕业后，立刻赴剑桥大学进一步深造。1933年是一个危机四伏的年头，纳粹德国在这一年推行法西斯主义，向欧洲各地渗透，战争的阴影越来越浓厚。即使是剑桥大学这种拥有保守传统的高等教育殿堂，也没有办法保持校园内部的平静。

诺曼抵达剑桥大学之后，立刻结识了一群具有左翼倾向的朋友。他们有的信奉马克思主义，有的信奉无政府主义，有的是社会主义者，有的是女权主义者。尽管思想立场不尽相同，但是在反法西斯和拥护世界和平这一点上，他们是高度一致的。和这些朋友的朝夕相处，使得诺曼在投入紧张的学习生活的同时，也参与了剑桥大学的学生政治活动。

如果借用政治思想史的表述，可以说20世纪30年代的欧洲是一个政治化的时代。即使在剑桥这样的学术中心，也不乏思想激进的教授。当时最优秀的学生，不仅有非常优异的学业成绩，而且一定会有非常出色的政治头脑。在剑桥和牛津大学这样的地方，"差生"搞政治，是会遭到蔑视的。从事政治活动的学生，一定同时是优秀的学生，这可能是"政治化时代"的一个基本特征。

在这样的校园氛围当中，诺曼结识了一个比他小6岁的刚入学的青年学生，并与他结下了深厚的情谊。这个学生叫约翰·康福德（Rupert John Cornford，1915.12.27～1936.12.28），他的父亲是剑桥大学教授，母亲是很有名的诗人。尽管在血统上不算直系，但约翰属于达尔文家族中一支的曾孙辈，是一个出身名门的青年学子。他智力超群、能力过人，一入学就成为学生领袖。约翰不仅是一个极其优秀的高才生，而且是一个出色的政治活动家。在求学期间，他组织了学生里的共产党组织，诺曼曾经一度也加入了这个组织。

1936年，诺曼完成学业，在他准备回国的时候，约翰为了支援西班牙内战中反对弗朗哥的进步势力，从军去了西班牙。诺曼在这个时候并没有选择与约翰一起去西班牙，是因为他清楚地意识到，自己不具有这方面的能力。同时恐怕也是由于他的基督教人道主义背景，他对于直接上战场是有所犹豫的。最后，诺曼告别约翰，回到了加拿大，在多伦多大学找到了一个教职。

不久之后，传来了约翰牺牲在西班牙战场上的不幸消息。这个消息给了诺曼沉重的打击。诺曼开始思考，自己应该如何继承好友未竟的事业，如何为了和平、为了真理、为了反法西斯而战。这个时候的诺曼虽然仍然从事古典学的研究，是一位极有学养的欧洲绅士，但已经开始成为知识领域里的战士。他意识到，必须用他的知识活动来从事好友在现实的战场上所从事的反法西斯斗争。

四　回到日本

诺曼申请外交部的职位最初没有成功，但在这期间他获得了洛克菲勒财团提供的资助，就去美国做了三年的学术研究。他先后在哈佛大学和哥伦比亚大学研究日本史、中国史，并且还获得了哈佛大学颁发的博士学位。

在这三年里，诺曼一直积极参与太平洋国际学会（Institute of the Pacific Relations，IPR）的活动。"太平洋国际学会"最初是美国基督教青年会发起的一个民间组织，它的宗旨是以基督教的精神，推动跨越种族和区域的理解和联系。后来，这个学会吸纳了各个领域里有影响力的人物，渐渐发展成范围更广的跨国民间文化团体，也脱离了基督教的背景。太平洋国际学会的总部设在纽约，诺曼在纽约期间积极参与了总部组织的各项调查活动，也给太平洋国际学会的杂志提供稿件。他的代表作之一《日本的士兵与农民：征兵的起源》（Soldier and Peasant in Japan：The Origins of Conscription），也是后来在 1943 年由太平洋国际学会国际事务局出版发行的。

1939 年，加拿大外交部通知诺曼，他被正式录取了，诺曼获得了三等秘书的职位。1940 年，他被派遣到加拿大驻东京公使馆履职。到达东京之后不久，诺曼就通过朋友的介绍与当地的学者们接触，很快得到了东京大学教授们的帮助，开始从东大图书馆借阅资料和图书。

1940 年前后是日本全面侵华战争陷入胶着状态的时期，诺曼在日本遇到了一个危机四伏的历史时刻。

五　隐秘的研究生涯

从加拿大到日本，诺曼经历了一个巨大的语境变化。此前他形成的进步知识立场，在 20 世纪 40 年代初的日本遭遇到了严峻的考验。

在 1940 年动身前往日本的时候，诺曼刚刚结束在美国为期三年的研究生活。他在美国进行学术研究时，美国的知识界还处在罗斯福新政的余响当中，进步思想非常有市场。当时那些优秀的年轻学子，都在谈论马克思主义的基本问题，所有的激进思想都可以自由表达。

当诺曼抵达东京的时候，他遇到的是完全不同的社会氛围和知识状况。1940 年正是近卫内阁第二次执政时期，首相近卫文麿（1891. 10. 12 ~ 1945. 12. 16，第 34、38、39 任日本首相）一直在奉行对外扩张的政策。在这个时期，对华战争陷入了僵局，为了摆脱僵局，当时日本的强硬派试图进一步扩大战争，向东南亚进犯。同时，东条英机（1884. 12. 30 ~ 1948. 12. 23，第 40 任日本首相，日本军国主义代表人物）等人已经在筹划向美国正面宣战。

依靠当时日本的国力，推动如此大规模的对外扩张战争，显然是力不从心的。所以日本必须动员全国的力量，开启举国体制的战争机器。同时，这场战争的社会动员以大规模的意识形态宣传和对外部信息的全面封锁为特征，对社会内部的异己分子也不断进行残酷迫害。

到了 1940 年前后，局势进一步变得严峻，战争体制全面升级，日本国内的管控也愈演愈烈。当时的"特高课"跟德国的盖世太保一样，开始大肆迫害进步人士，言论管制达到了空前的程度。当时在日本的出版业，出版审查制度和纸张配给制度相互配合，给出版界造成了重创。一些大型杂志，虽然还可以继续出版，但是常常"开天窗"——由于在出版前遭到突击审查，有些稿件被临时取缔，来不及替换，就只能空缺着下厂印刷，于是在杂志上就留下了很多空白页面。

在这种言论极端不自由、社会治安极度恶化的情况下，诺曼到东京赴任。由于当时他的身份还是低等文官，没有那么多职责，相对有更多自由时间，他立刻投入了紧张的历史学研究。与诺曼赴剑桥留学以及后来去美国做研究时一样，他到了日本之后，也立刻谋求与左翼知识分子的合作。只不过，在特定时期的剑桥和纽约，他可以对自己的政治态度不加掩饰，而在 20 世纪 40 年代初期的日本，他却需要隐蔽地寻求这种合作。

1941 年夏天，诺曼找到一段空闲时间，在长野县跟随马克思主义史学家羽仁五郎（1901 ~ 1983，日本历史学家，日本马克思主义史学奠基人之一）细读羽仁的著作《明治维新史研究》，这是一段颇有传奇色彩的经历。羽仁五郎后来回忆，他当时被特高课列为起诉对象，处于监外执行状态，行动并不自由。不过由于他住在长野的山村，特高课的特务每天下午才能到他住处附近监视他，上午相对安全些。诺曼就在羽仁家附近租了一间屋子，每天上午请羽仁给他上课。诺曼最关心的问题是如何评价明治维新的性质。按照马克思主义理论，明治维新属于资产阶级革命，不会给人民带来阶级地位的改变；但是羽仁在他的《明治维新史研究》开篇却写道，明治维新摧毁了长期统治日本的德川幕府封建制，尽管各种条件仍然严苛，却迈出了走向自由的第一步，这是日本人民作为国民的骄傲。诺曼追问羽仁五郎，这段话与他的政治立场有什么关系。羽仁回答说，这个说法确实有为了顺利通过审查而不得不采取的伪装成分，但并不是违心之言。这里所说的"人民"，并不仅仅指无产阶级和农民，更是全体人民。羽仁特别强调说，不能机械地套用马克思主义理论，要对史料深入研究，并且充分考虑到读者。[①] 这段隐秘的学习生活，很快由于特高课的干扰不得不终止。不过它却为诺曼其后的研究提供了精神营养。

六 奴隶与自由人

1941 年 11 月，诺曼完成了一篇论文，研究江户末期德川幕府的征兵制改革。当时幕府为了能够对抗西欧列强的压力，控制内部强藩的势力，试图建立一支由农民组织的队伍。但是，如果组建农民部队，也就意味着

---

① 大窪愿二编译：《赫伯特·诺曼全集》第四卷《月报》. 东京：岩波书店，1978 年：第 3 ~ 4 页。

让农民掌握军事技能。江户末期，日本各地不断发生农村暴动，如果农民掌握了武器，恐怕更难应付。幕府就在这样的两难之境中最终垮台。

这篇论文完成之后，原本预定发表在《日本亚洲协会纪要》上。1941年 11 月，文稿已经被送到印刷厂，但是 12 月 7 日，日本偷袭珍珠港，太平洋战争爆发，一切陷于瘫痪。诺曼没有留底稿，这份压在印厂里的稿子他非常想要回来，可是当时加拿大公使馆所有人员，因为是敌对国的外交官，都被软禁在公使馆内，无法外出。这份稿子最终还是丢失了。

1942 年，诺曼回国之后，根据自己的记忆，还有手头的部分笔记，还原了大部分资料。同时，他扩展了讨论的范围，把讨论的主要对象设定在明治维新之后，于是他写出了代表作之一的《日本的士兵与农民：征兵的起源》。在这一稿里，他主要讨论的是明治维新之后，由新的政府所推行的征兵制改革。诺曼认为，明治政府完成了德川幕府没有完成的事情，成功建立了农民的军队，用现代化的武器装备，有效打击了强藩的武士，开启了军事化的现代历史。

诺曼特别指出，明治政府进行的所有改革都服务于军事目的。明治日本的现代化，说到底服从于一个总体目标，就是强化国家的武装兵力。对于日本现代国家这种明显的军事特征，诺曼表示了很大的担忧。他更担忧的是，日本的农民虽然不愿意当兵，但是从明治时代开始，他们并没有形成一个有效的反抗机制来推翻专制体制。相反，日本农民一直对天皇主导的中央政府表示出封建性的忠诚。在被卷入侵略战争之后，日本的农民代替政府给他国的国民套上奴隶的枷锁。在《日本的士兵与农民：征兵的起源》中，诺曼写下了这样的一段话："要把他人变成奴隶，'自由人'是做不到的。相反，最残忍、最无耻的奴隶，会成为他人自由的最无情、最暴力的剥夺者。"① 诺曼的这段话显示了他对于日本近代史的基本判断。他认为：日本在二战之中的所作所为并不是偶然事件，它与江户幕府末期到明治政府诞生之后建立的新征兵制度的背后逻辑，一脉相承。而日本之所以把军国主义确立为推进国家现代化的一个基调，与普通日本民众没有反抗专制体制，使自己成为真正意义上的"自由人"是直接相关的。所以可以说，

---

① E. Herbert Norman, "Soldier and Peasant in Japan：The Origins of Conscription," *Pacific Affairs*, Vol. 16, No. 1, 1943, pp. 47 – 64.

构成了日本军国主义、举国战争机制的社会基础，正来源于日本的民众。当诺曼有了这样的判断之后，他在日本的外交活动的基调也形成了。诺曼在他后来的外交官生涯当中，从自己的日本观出发，试图为战后重建的日本社会中的民众创造更多成为自由人的条件。

七　战败后的日本

太平洋战争爆发前夕，诺曼已经预感到日本在一步步走向毁灭。太平洋战争爆发后，诺曼感到了深刻的绝望，他认为日本错过了悬崖勒马的机会，只能在毁灭性的战争之后再谋求重生。

1942 年 7 月，诺曼回到加拿大。回国之后，他在加拿大外交部的对敌情报科从事对日战争的情报分析工作。1942 年是北美社会转折的一个节点：激进自由的时代，以战争为契机，被扭向了右翼化的方向。当时各种民间的活动团体、学会，仍然可以继续他们的活动，言论的自由还没有受到公开的干涉，但是 FBI（Federal Bureau of Investigation，美国联邦调查局，美国最重要的情报机构之一）已经开始暗地里监控他们认为有进步倾向的团体和个人。

在这个时期，诺曼仍然保持着和太平洋国际学会的关系。在 1945 年回到日本之前，他还曾两次作为加拿大代表，出席了在北美召开的太平洋国际学会会议。他不可能想到，这个在当时极为正当的活动，会在日后为他带来巨大灾难。

1945 年 8 月，日本宣布投降。紧接着，受加拿大外交部的派遣，诺曼回到日本，加入了盟国占领军总司令部（GHQ，General Headquarters of the Supreme Commander for the Allied Powers；也称盟军总司令部，是第二次世界大战后盟国占领管制日本的最高机构）。诺曼在 GHQ 里担任对敌情报部调查分析科的科长，他通过对日本和整个国际局势在 1945 年停战之后的分析，多次向麦克阿瑟（Douglas MacArthur，1880.1.26～1964.4.5，美国军事家、政治家，二战后出任驻日盟军最高司令）谏言，并且积极参与日本的战后处理工作。

自 GHQ 进入日本之后，为了防止日本"赤化"，使日本更紧密地绑在自己的战车上，美国主导的这个军事占领机构推行了美式民主的制度。美国推行民主制的意图当然并不在于让日本人民当家做主，在麦克阿瑟控制日本期间，他以民主之名甚至以民主的形式压制日本社会的民主诉求，打压进步的政治势力。① 但是民主制的实施，毕竟给天皇制意识形态统治下的日本带来了一个契机，日本的各派进步势力（包括日本共产党在内）都在谋求利用这个契机使日本社会结构发生转型。诺曼身处 GHQ 内部，他当然也意识到了这个机会的价值。基于几年前写作《日本的士兵与农民：征兵的起源》时形成的问题意识，他试图利用这个机会最大限度地为日本国民创造自由的条件。诺曼花费了大量精力，积极起草各种相应的文件。比如当时有一份著名的公告，是 1945 年由 GHQ 主持发布的，叫作《撤销限制日本市民政治和宗教自由规定的备忘录》。这份备忘录明确规定，日本的市民有权利在政治和宗教方面享有自由。与战争时期高压的言论管制相比，在这个时期突然出现的言论上的解禁，确实极大解放了当时的日本社会。而诺曼为这份备忘录的起草贡献了非常大的力量。

在担任对敌情报部调查分析科科长的时候，作为调查的一项任务，诺曼曾经与美国的政治顾问艾玛逊一起到监狱里访问当时还没有被释放的政治犯——日本共产党的领导人德田球一（1894～1953，日本共产党创始人和领导人之一）和志贺义雄（1901～1989，日本政治家、共产主义者），并且听取他们的意见。据说诺曼看到在狱中生活了 18 年的德田球一和志贺义雄仍然保持着旺盛的精力，感到惊讶、钦佩和高兴。

诺曼对日本共产党人很尊重，不过这种尊重不是出于政治认同，而是出于对他们人格的敬意。日本共产党人长期受到迫害，他们在白色恐怖的状态下一直持续进行战斗。在推行民主制的大前提之下，日本共产党人也得到了复归政治社会的权利，因此当德田球一和志贺义雄被释放之后，GHQ 也曾经邀请他们到占领军总司令部来进行讨论和表达自己的要求。

---

① 一个典型的例子是，1947 年，由日本共产党与左翼力量联合领导，以推翻吉田茂内阁、建立民主的人民政府为目标的大罢工，原计划于 2 月 1 日举行。麦克阿瑟在获知这个计划之后对总工会负责人施加压力，迫使他在罢工举行之前发表公开讲话，表态终止罢工计划。表面上，麦克阿瑟并未镇压这次罢工，然而他的软硬兼施却"合乎民主程序"地摧毁了日本工人运动的首次全国性民主尝试。

1945 年到 1947 年，日本共产党和 GHQ 之间曾经有过一段非常友好的时期，甚至日本共产党人把盟国占领军称为"解放军"。但是这一段"蜜月时期"在 1948 年之后很快就结束了。

八　GHQ 的真实用意

在第二次出使东京期间，由于远东局势的复杂性，诺曼几乎事无巨细地向加拿大外交部汇报所有事态，特别是汇报麦克阿瑟的动向。麦克阿瑟很欣赏诺曼的能力，他还亲自提议，在 1949 年请加拿大外交部任命诺曼为东京公使馆的公使。

但是对于诺曼来说，与麦克阿瑟的合作很快就破裂了。从 1945 年到 1950 年，麦克阿瑟所主导的对日政策有很大的变化，1945 年开始建立的民主制度和言论自由制度，在几年之间转变为对言论进行各个方面、各个程度的管制。同时，民主制度虽然由《宪法》规定，但是 GHQ 却一直扶植右翼势力，特别是从 20 世纪 40 年代末期开始，已经出现了明显的复活日本军队的势头。在短短几年里，麦克阿瑟显示出他推行民主制的真实用意，就是把日本改造成美国长期左右东亚局势的"马前卒"。可以说之后朝鲜战争的爆发证实了这一点。

诺曼在日本的外交实践，与上文所涉及的他对日本的研究和观察直接相关。他希望借助 GHQ 的力量，利用日本战败这个契机，把日本改造为和平国家。为此，他尽全力地试图推进民主化的制度建设。换句话说，他想尽可能为日本国民提供成为"自由人"的制度保障。当然，他这种坚持民主政治、坚持在日本实现言论自由的立场，使他与 GHQ 内部的美国右翼之间产生了意见分歧，后者显然认为日本的民主化已经过头了。

诺曼在日本的外交活动到 1950 年结束。在这 5 年里，他竭尽全力为日本这个他所热爱的第二故乡创造走向自由的条件。尽管作为个人，他无法直接影响局势，但是却默默地、一丝不苟地履行着自己的职责。他并没有做任何超出职权范围的事情，然而他所付出的却是自由主义者所能够做到的最大限度的努力。

20 世纪 50 年代，自由主义与人道主义受到了严峻的挑战。美国在冷战中转变为自由主义的敌人。不过，它仍然披着民主的外衣，仍然使用自由主义的口号，并把迫害的对象直接设定为共产主义者。随着麦卡锡主义的升级，一场政治大清洗以美国为中心悄悄展开。诺曼完全没有想到，他也会被卷入这场残酷的大清洗，并被一步步逼上绝境。

这一切，其实早在二战期间就开始了。

九　交换船上的偶遇

1942 年 7 月，太平洋战争爆发半年之后，诺曼乘交换船被遣送回国。所谓"交换船"，是指日美双方各自派船，把对方留在本国的相应人员送到中转地，在那里进行交换。他们选择的中转地在非洲的莫桑比克，因此诺曼从日本出发经过印度洋到达非洲，在那儿他会换乘从美国抵达莫桑比克的交换船，再回到北美。

在莫桑比克港口停留的时候，诺曼遇到了他当年在哈佛大学从事研究时认识的一位日本朋友，他叫都留重人（1913～2006，日本著名经济学家），当年也在哈佛大学留学，是一位优秀的经济学家。都留重人与诺曼的政治态度相近，他也是一位自由主义左派知识分子，对马克思主义政治经济学钻研很深。两个人在交换地点偷偷见了面。都留重人在离开哈佛的时候，把自己不敢带回国的进步书籍和一些信件都留在了公寓里，委托公寓管理人替他保管。他见到诺曼之后，就拜托他替自己取走那些东西。诺曼到达美国之后立刻履行诺言，去了都留重人的公寓。

在到 1942 年为止的罗斯福新政时期，哈佛大学是世界左翼知识分子的庇护所，来自日本的进步知识分子，与法西斯主义日益升级的祖国相比，更把美国视为自己的精神家园。都留重人旅居的公寓是外国学者聚居的地方，这里住过来自四面八方的很多进步知识分子。然而太平洋战争爆发前后，罗斯福新政已近尾声，美国的政治发生了很大变化，反共潜流开始卷起旋涡。曾经汇集了各国激进知识分子的这所公寓，此时受到了联邦调查局的监视。

当诺曼抵达都留住所时，刚巧碰上了一个 FBI 的特务，他在那里调查从法国寄给另一位学者的左翼文献。诺曼的出现，引起了他的注意。诺曼取走了都留重人的书籍，但是并没有拿到他留下的信件。这件事对诺曼而言，只是完成了对朋友的承诺，他完全没有意识到，这是他 20 世纪 50 年代之后厄运的开端。

从 1942 年前后，诺曼就受到了 FBI 的远距离监控。在 1945 年他回到日本履行外交官职务时，有时也会被盯梢。在此期间，他曾经和路过东京的太平洋国际学会干事在羽田机场见面，见面的过程也被监视。诺曼不可能不知道这一点，他因此格外谨慎。由于诺曼几乎事事向加拿大外交部汇报，他始终受到外交部的信任。但是美国日益升级的反共浪潮，却不是加拿大外交部可以防范的，并在 20 世纪 50 年代开始向诺曼直接袭来。

十　谁导致了诺曼自杀？

麦卡锡主义在美国肆虐之始，太平洋国际学会就受到了攻击。对它的指控之一是组织被共产国际渗透和控制，倾向于共产主义阵营。

1951 年，在美国参议院召开的国内治安小组委员会（the Senate Internal Security Subcommittee，SISS）上，诺曼的名字被提及。对他的指控，除了与太平洋国际学会的合作关系之外，还包括在战后他参与日本社会重建时与德田等日本共产党人的接触。对诺曼的指控指向一个方向，即指控他是共产党。

1950 年，诺曼被召回国之后，在当年年底，加拿大的警察系统就对他进行了长达半年的审讯和调查。但是在此期间，加拿大外交部一直表示信任诺曼的忠诚。当美国参议院国内治安小组委员会对诺曼提出指控之后，加拿大外交部发表了抗议的声明。即使如此，所有抗议和保护对于诺曼来说，并不足以缓解审查和指控给他造成的身心上的折磨。

在受到怀疑和调查的 20 世纪 50 年代，诺曼的外交事业似乎并没有受到多少影响。事实上在此期间他不断升职，先后出任了加拿大驻联合国代表代理、驻新西兰大使，后来又出任驻埃及大使，兼任驻黎巴嫩公使等。可以说 50 年代国际上的一些重大的外交活动都有诺曼的参与。他在心力交瘁之际，仍然致力于维护世界和平的事业。

1957 年 3 月，美国参议院国内治安小组委员会举行了听证会，传讯了很多人，传讯的方式是违反法律规则的诱供。在听证会上，这些证人被诱使证明一些指定的人为共产党人。诺曼虽然没有出席听证会，但是在这次听证会上他成为重点攻击对象。这个听证会上的一部分证词被媒体发表，在舆论上制造出诺曼等人阴谋推翻国家政权，并且对美国也形成了威胁的氛围。这样的一种氛围，对诺曼形成了巨大的社会压力。

3 月份的听证会也传唤了都留重人。1942 年都留离开哈佛大学时留下了书籍与信件，其后他再也没有机会回到美国，直到 1957 年哈佛大学邀请他来美国讲学。物是人非，都留并没有意识到这里已经不再是当年他乘交换船离开时的那个美国了。

都留以配合的姿态出席了听证会，他到了那里才发现，当年的信件都被美方掌握了。在长达两天的马拉松式的听证会上，都留为了抵制诱供使尽了力气。他被强迫回答，是否知道自己当年在通信中提到的那些人是共产党员，当然其中包括诺曼。从后来媒体发表的都留证词看，诺曼是他刻意保护的对象。

在都留被质讯后仅仅过了 8 天，诺曼在埃及自杀身亡，时年 48 岁。关于诺曼自杀的动机，有各种各样的猜测。如果从现实层面看，美国参议院国内治安小组委员会对诺曼的迫害，并没有构成对他外交生涯的妨碍。诺曼仍然有自己的事业空间，加拿大外交部对他一直持保护的态度。但是诺曼仍然选择了自杀，背后的动机可能是什么呢？一个相当有说服力的理由是，诺曼死前正值埃及苏伊士运河国有化之后的中东战争，为了制止战争的扩大，诺曼在联合国和国际社会进行了最大限度的斡旋，并全力游说纳赛尔。当这次地区冲突终于在扩大化之前结束之时，诺曼已经耗尽所有心力，精疲力竭了。这时美国参议院对他的指控是压垮诺曼的最后一根稻草。

在日本，都留的证词被主流媒体报道之后，舆论把矛头指向了都留。当时的主流媒体都认为是都留的证词害死了诺曼。事实上，作为后来人，当我们面对这一段历史的时候，诺曼之死的真实原因可能不那么重要，但是如果我们把相关的史料和他自杀的动机结合起来思考并能够引发出一些原理性讨论的话，那么诺曼自杀的事件就具有了思想史的意义。在这个意义上，笔者想从基本的资料出发做一些初步的探讨。

在诺曼决定自杀之后，他给当牧师的哥哥留下了两封遗书，其中有一封后来被公开。这封遗书里这样写道："我被环境压垮了，而且我在漫长的幻想中活得太久了，我感悟到基督教才是唯一真实的道路。事实并不像外观上那么坏，所以请宽恕我。事实的可怕程度，只有上帝才了解。"

这几句话看似简单，但其实包含了非常复杂的内容。作为一位外交家，同时也作为一位历史学家、一位古典学者，诺曼对生死的思考，他关于自由的理念，或许是理解他这一选择的途径。

仅仅依靠诺曼的遗书理解他自杀的动机是不够的，笔者想结合他在日本期间的一次演讲，初步探讨诺曼以死相抵所要捍卫的、他终身追求的理念——自由。

1948年，诺曼在GHQ工作的时候，他不仅在外交事业上全力推动日本战后民主制的制度建设，而且抓住所有机会，在日本的知识界阐述他自己对于如何才能成为"自由人"的想法。

十一 什么是"人的自由"？

1948年，他在庆应义塾大学做了一次演讲。这个大学的前身是福泽谕吉创办的私塾，而福泽谕吉是日本明治初期深入思考个人自由内涵的启蒙思想家之一。诺曼因此认为，在庆应义塾大学讨论"什么是人的自由"这个命题，是最合适的。这次演讲的题目叫作《说服还是暴力》，这其实是对于自由主义政治理念的诠释。不过诺曼对自由的理解，对自由主义政治理念的理解，有他自己的特征。这和他作为古典学者对希腊时代城邦政治的理解是直接相关的。

这次演讲涉及的内容很多，笔者从中提炼出几个观点，做一个初步的讨论。

第一个观点，诺曼认为自由是不能够独占的价值。他认为在自由的大旗之下，聚集的是所有人，有各个阶级的人，有不同党派的人。这些人里有圣人也有小人，有无私的人也有利己的人。而自由对它的信奉者所要求的是，不管你有什么样的才能、什么样的条件，都要把它无条件奉献给自由。

这个说法听上去有点难以理解，其实诺曼想说的是，任何政党、任何宗教、任何社会阶级在为自由奉献的过程当中，都不能宣称自己有独占权。对自由的理解和我们通常在常识上把自由神话为某一种理想状态的想法是不一样的。因为自由不仅庇护好人，也庇护坏人。只要你肯为自由奉献，你就聚集在自由的大旗下，不管你出于什么目的。

第二个观点，在对自由的这个理解的基础上，诺曼提出了一个概念——自主政治社会。"自主政治"是相对于"民主政治"而提出来的。如果我们回想一下，GHQ 在占领日本之后所推行的民主政治，以及在推行过程当中发生的变质，我们就很容易理解诺曼为什么要用"自主政治"来取代"民主政治"这个说法。诺曼自己也直截了当地提到了这一点，他说：我不愿意用"民主政治"这样一个被用烂了的说法，我想换一个说法，叫作"自主政治"，但是它所指称的内容和民主政治本来应该指称的内容是相同的。

在这样一个对于自主政治的理解之下，诺曼强调了一个基本的常识，但是这个常识常常被忽略——他说自由具有一个特殊的性质，它不是你获得了之后，就可以一直拥有的东西。自由需要不懈努力才能获得，获得之后需要不懈努力才能维护。也就是说，没有任何一个社会可以宣称自己获得了自由、建立了自主政治之后就高枕无忧了。其随时有可能变质，随时有可能丧失。

那么自主政治社会的基本特征是什么呢？诺曼认为社会的本质是自由，但是自由不意味着摆脱政府的统治，它要求市民有高度的自我克制能力和理解力，要求相互之间尊重所有人的权利。在这样的情况下，自主政治社会把政府看作用来执行社会意志的一个委托机构，所以政府的统治其实是社会自身的管理，当然可以随时罢免不称职的公仆。

在这种理解之下，政府不是高高在上的机构，它只是体现了所有社会成员意志的媒介、契机和机制而已。与市民的自我克制能力相称，自主政治社会需要法律，法律对全体成员具有道德约束力。在这种情况下，自由的敌人是暴力，暴力不仅是暴动、是对自由的破坏，市民不遵守法律、消极对抗法律，也是一种暴力。

在诺曼对暴力的陈述当中，我们可以观察到一个与通常常识不一样的视角。当他阐述暴力的时候，他完全是从社会自我管理的角度出发为暴力定义的。所以他说暴力不仅是暴动，消极的对抗也可以被视为暴力。在这里他没有把暴力视为来自政府、来自国家机器的镇压。为什么呢？因为他认为政府和国家机器都是社会意志的体现，它不可以凌驾在社会之上。

十二　苏格拉底之死

在充分理解了诺曼上述的两个基本观点之后，我们就比较容易理解他关于自主政治社会要求思想和言论自由权利的想法了。诺曼认为，自主政治社会永远需要思想和言论自由的权利，这就意味着各种各样不同的意见可以随时交锋，通过开展沟通、避免破坏沟通的暴力行为，来使交锋走向深入。

他认为这种思想和言论自由有两个好处，一个可以使当政的人了解社会动向，可以让所有市民了解所处的状况，以便整个社会不断进行调整；另一个好处是可以减少社会上那些持不同政见者，让他有机会发言，他就不会产生强烈的离心力。因此，自主政治社会一定要有真实的思想和言论自由的权利。

在 1948 年，针对日本社会刚刚开始形成民主习惯这样一个具体状况，诺曼提出了上述建言。在他完整阐述了他关于自主政治社会的基本理念之后，作为古典学者，诺曼谈到了一个意味深长的历史事件——苏格拉底之死。

我们都知道苏格拉底是博学的雅典哲学家，也是一个能言善辩的辩论家。他在晚年因言获罪，被判处死刑。判处苏格拉底死刑的，不是独裁的政府，而是民主的政府。苏格拉底在法庭上坚持自己无罪，但是作为雅典公民，作为一个拥护民主制的希腊人，他认为自己有义务服从法律。当死刑判决下来之后，苏格拉底的朋友做好了所有准备，打算说服他越狱，但是遭到了拒绝。他主动选择接受死刑。

苏格拉底之死，几乎是所有研究古典学的学者们绕不过去的问题。因为当柏拉图在自己的对话录里呈现苏格拉底之死的内在矛盾时，他并没有给出一个明确的解答。诺曼的分析和他对于自主政治社会的理解是完全一致的，诺曼指出了一个悖论：苏格拉底坚持认为因言获罪违反雅典的自由传统，所以他不肯认罪；与此同时，他认为作为雅典公民必须服从法律的判决，哪怕这个判决是错误的。

他的这个理解，对于理解诺曼本人的自杀动机，是否具有参考的意义？笔者觉得诺曼自杀的理由与苏格拉底并不相同，但是内在的逻辑是一致的。很显然，诺曼认为，在一个彻底背叛了自主政治理念的所谓的民主社会里，继续从事外交官工作，就意味着与背叛者同流合污。但是如果他选择辞职，是不是就可能挽救这一切？显然辞职就等于承认了莫须有的罪名，而且他必须在不断的辩解中生活。如果从一个极其粗略的意义来思考诺曼自杀动机的话，那么或许可以说，他的自杀不是因为无法忍受舆论的压力，而是因为他试图像苏格拉底那样忠诚于自主政治的理念，而这个理念包含了深刻的内在矛盾。

从诺曼自杀到现在，已经过去半个多世纪了。然而人类是否真的走出了诺曼的那个时代？诺曼以生命相抵的那个关于自由的理念，在今天是否还具有活力，是否能创造出真正意义上的自主政治？这是诺曼留给人类的一个未完成的课题，也是我们理解世界史的一个契机。揭开这段被尘封的历史，对于我们的思考将是有益的。

日语语法研究管窥

彭广陆[*]

[摘 要] 本文由笔者即将出版的专著《日语语法新论》一书的"自序"部分的主要内容改写而成，内容主要涉及日语形态学、日语词组学、对外日语教学语法系统，文中在阐明笔者对于日语语法整体看法的同时，也部分地阐述了与上述三个研究领域有关的笔者的观点。此外，本文还对对笔者的日语语法研究产生重要影响的日本学术团体之一的语言学研究会的有关情况进行了较为全面的介绍。

[关键词] 日语语法 形态学 词组学 对外日语教学语法 语言学研究会

引 言

众所周知，语音、词汇、语法是语言的三大要素，其中语音是（有声的自然）语言的物质外壳，词汇是语言的建筑材料，语法是语言的结构规则，而语言学中与之对应的研究领域则是语音学、词汇学、语法学，它们是语言学的重要组成部分。

笔者的语言学研究起步于词汇学，早期的学术兴趣主要在于日汉词汇对比研究和日源外来词研究①，这方面的工作至今仍在继续，但后来的研究重心转移到了语法研究上。笔者的语法研究始于30年前，当时还在日本留学，受导师铃木康之教授的影响，开始对语法研究产生了浓厚兴趣，而

---

* 彭广陆：北京理工大学外国语学院教授，研究领域为日语语言学、汉日对比语言学。
① 关于日源外来词的研究侧重于现代汉语中的日源新词研究，参见彭广陆：《日源新词探微》. 北京：北京大学出版社，2020 年。

对笔者学术影响最大的，则是日本的一个民间学术团体——语言学研究会，详见后文。

在笔者迄今为止公开发表的语法研究的论文当中，有关日语语法本体研究的论文占了大多数，日汉语法对比研究的论文次之，还有少数是关于汉语语法本体研究的。上述日语语法研究的论文大多数用日语撰写并发表在国内外的各种刊物或论文集上，笔者从中选出一些自认为有一定代表性的文章结集出版，这就是即将由北京大学出版社出版的《日语语法新论》一书的由来，也可以说该书是笔者以往的日语语法本体研究的部分总结。

笔者的日语语法研究主要由三部分组成：日语形态学（词法）研究、日语词组学研究、对外日语教学语法系统研究。这三个研究领域相互关联，甚至有所交叉，但侧重点各不相同。

下面首先介绍一下对笔者的日语语法研究产生重要影响的语言学研究会，再简单地阐述一下笔者对日语语法的整体看法，然后重点介绍笔者的日语语法研究的学术背景和有关的学术观点。

一 语言学研究会简介

日本的"语言学研究会"（「言語学研究会」）成立于20世纪50年代，日本的学界通常称之为「教科研グループ」（教科研小组），但语言学研究会的成员对这一称谓不以为然，因为「教科研」是「教育科学研究会」的简称，早在二战前即已成立的「教育科学研究会」（因二战爆发曾一度中断）是日本的一个较有影响的民间学术团体①，其下设一个语文分会叫作「教育科学研究会・国語部会」，该分会成员主要由大中小学的语文教师组成，重点研究语文教学②。长期以来，语言学研究会对「教育科学研究会・国語部会」予以理论上的指导，后者每年定期的研究集会（类似教师

---

① 详见教育科学研究会，https：//kyoukaken.jp/。
② 详见教育科学研究会国语部会，https：//ja.wikipedia.org/wiki/%E6%95%99%E8%82%B2%E7%A7%91%E5%AD%A6%E7%A0%94%E7%A9%B6%E4%BC%9A%E5%9B%BD%E8%AA%9E%E9%83%A8%E4%BC%9A。

集训）通常都请语言学研究会的主要成员来做学术报告。尽管这两个学术团体长期合作，且关系密切，但不宜混为一谈。

日本的民间学术团体可谓多如牛毛（这也是学术自由的一个具体体现），其中以在日本学界独树一帜的著名语言学家奥田靖雄（原名布村政雄，1919~2002）为学术带头人，以高桥太郎（1927~2006）、上村幸雄（1929~2017）、铃木重幸（1930~2015）、宫岛达夫（1931~2015）、铃木康之等知名学者为代表性成员的语言学研究会①是一个宽松的学术团体，它不采取会员制，也没有定期出版的会刊②，但从1986年起不定期地由麦书房（むぎ書房）出版论文集『ことばの科学』（《语言科学》），迄今已出版13辑。语言学研究会以研究现代日语语法为主，兼及日语词汇学研究和日语语音学研究，许多成员的重要论文都发表在『ことばの科学』和「教育科学研究会・国語部会」的会刊『教育国語』（《语文教学》）上。

语言学研究会被视为日本语言学界唯一可以称作学派的学术团体③，这是因为该会成员的主要学术观点比较一致，且采用相同的研究范式。但又因为其旗帜鲜明，不惮公开批评日本学院派的理论权威，所以很长一段时间内日本学界对该研究会采取了敬而远之的态度。

在语言学研究会的成员中，除了上述老一代学者之外，可称得上第二代、第三代代表性学者的工藤真由美、佐藤里美、村上三寿、狩俣繁久、须田义治等人的研究成果近年来在学界也较有影响或受到关注。此外，松本泰丈、村木新次郎（1947~2019）、铃木泰、金田章宏、早津惠美子等知名学者也相当认同语言学研究会的主要学术观点，在学界颇有影响力的学者仁田义雄、工藤浩（1947~2020）、荒川清秀等人对语言学研究会的成果也比较重视。

语言学研究会的学术研究长期以来受到苏联（俄罗斯）语言学的影响，可以说他们对苏联语言学理论的学习是全面的，而且对于苏联语言学的研究成果采取了批判性借鉴的态度，吸收其合理的部分运用到日语研究

---

① 金田一春彦（1913~2004）、田中克彦等著名学者也曾经是该会成员。
② 曾经有过类似会员通讯之类的内部刊物。
③ 参见仁田義雄：「言語学研究会編『日本語文法・連語論（資料編）』を読んで」．『国語学』1985年第140集。

中，但绝不生搬硬套，也不盲从。同时，他们对日本明治时期以来的有代表性的学者大槻文彦（1847～1928）、山田孝雄（1873～1958）、松下大三郎（1878～1935）、田丸卓郎（1872～1932）、佐久间鼎（1888～1970）、三尾砂（1903～1989）、三上章（1903～1971）、宫田幸一（1904～1989）等人的学术观点比较认同或给予正面的评价，而对于桥本进吉（1882～1945）、时枝诚记（1900～1967）及其后来的继承者的语法学说则持批判的态度。

语言学研究会对日语语法研究的贡献是多方面而系统的，在日语的形态学研究、词组学研究、句法研究等方面均处于领先地位，其擅长的研究领域集中在词组研究、时体研究、语态研究、情态研究、复句研究等方面。此外，语言学研究会在日语语音学研究、日语词汇学研究、日语方言学研究等领域也都占有一席之地。不妨说，语言学研究会在日本的日语研究史上占有重要的地位。

语言学研究会一贯坚持的最基本的学术观点大致可以归纳为：词才是构成句子的最基本的语法单位，所有的语法单位都是形式与意义的统一体（结合体），词（实词）在句子中使用时，既有词汇意义，同时也有语法意义。① 语言学研究会的研究特点是不赶时髦，不贴标签，不为理论而理论，坚持一切研究从语言事实出发，重视描写研究，偏重定性分析，论文中所举例句原则上都是实例（基本上来自小说），而且致力于在体系中把握个别的语法现象。在某种意义上，语言学研究会的基本主张是正统的，笔者对此也深以为然，并且非常认同他们的研究范式和学术取向。毋庸讳言，笔者的语法观的形成与语言学研究会的研究密不可分，笔者从语言学研究会的研究成果中汲取了诸多养分。

二 对日语语法整体特点的看法

日语属于形态比较发达的语言，词语之间的关系主要通过形态来表示（部分借助虚词来表示），且显性语法范畴（此处指词法范畴）较多，例如主要有格（「格」、case）范畴、凸显（「取立（取り立て、とりたて）」、

---

① 应该说这些观点都是与脱胎于桥本语法的日本学校语法相对立的，详见后文。

toritate）范畴、时（「時、時制、テンス」、tense）范畴、体（「相、すがた、アスペクト」、aspect）范畴、语态（「態、立場、ヴォイス」、voice）范畴、语气（式）（「気持ち、ムード」、mood）范畴、极性（「認め方、極性、肯定否定、肯否」、polarity）范畴、语体（「丁寧さ」、politeness）范畴等①。日语兼具黏着语和屈折语的特点②，以 SOV 为基本语序，句尾形式对于情态（「法、叙法、法性、モダリティ」、modality）意义的表达起到重要的作用。此外，修饰语总是位于中心语之前，词的结构类型与句子的结构类型有着明显的不同。日语是主观性较强的语言③，表现为敬语比较发达、"视点"相对固定（属于固定型的语言），而视点对于语法、语义、语用、篇章的制约和影响比较明显④。

三　关于日语形态学（词法）研究

关于日语语法研究，铃木重幸先生曾经有过精辟的概括，他指出近代日语语法研究（的历史）也就是在日语中发现"词"的历史⑤。古代日本人在对汉文进行训读（将汉语的文言文翻译成日语）的过程中，逐渐发现了日语中与汉语的虚字（虚词、虚辞）相对应的语法形式。对于这些表示

---

① 参见鈴木重幸：『日本語文法・形態論』. 東京：むぎ書房，1972 年；鈴木重幸：『文法と文法指導』. 東京：むぎ書房，1972 年。
② 以往普遍认为，日语属于黏着语，这种观点不全面，也不准确。详见彭广陆：《对日语黏着语说的再认识》.《语言学研究》2002 年第 1 辑。
③ 参见池上嘉彦：「〈主観的把握〉とは何か—日本語話者における〈好まれる言い回し〉」.『言語』2006 年第 5 期。
④ 参见彭广陆：《日语研究中的"视点"问题》. 池上嘉彦、潘钧主编：《认知语言学入门》. 北京：外语教学与研究出版社，2008 年；彭广陆：《视点与会话中的主语隐现——以汉日语对比为中心》.《日语研究》2011 年第 8 辑；彭广陆：《"视点"纵横谈》.《语言学研究》2014 年第 16 辑；彭广陆：《关于日汉语言认知模式的一个考察——以"出入"与"内外"的关系为例》.《东北亚外语研究》2020 年第 4 期；彭広陸：「日中の〈ナル表現〉の相違はどこから生じるか—視点の観点から考える—」.『日本認知言語学会論文集』2012 年第 12 巻；彭広陸：「名詞の語彙的な意味における〈視点〉のあり方—中日両語の比較を中心に」.『外国語学研究』2016 年第 17 号；彭広陸：「日中両語のヴォイスに見られる視点のあり方」.『言語の主観性——認知とポライトネスの接点』. 東京：くるしお出版，2016 年。
⑤ 参见鈴木重幸：『形態論・序説』. 東京：むぎ書房，1996 年：第 18 頁。

语法意义的形式（标记）应该如何定位，具体而言，是将其看作词（虚词）还是看作语素（构形后缀），就成了日语语法尤其是词法研究的一个关键。可以说，词与语素的界限不清（在某种意义上可以说，日语的正词法没有采用分词连写与这一点互为因果），这是日语语法的一个特点（这点与汉语语法不同，汉语是词与短语的界限不甚分明，经常纠缠不清）。对于应该如何确定日语中的词这一级语法单位，日本的语法学界一直未能达成共识，这也是不同的语法系统、语法理论之间的主要分歧所在。例如对于下面这样的句子就有三种截然不同的看法，代表了三套不同的语法系统：

　　　　桜の花が咲いていた。/那时樱花开着。

　　a. 桜　の　花　が　咲いて　　い　　た。〈8个词。学校语法〉
　　　名词 助词 名词 助词 动词 助词 补助动词 助动词

　　b. 桜　の　花　が　咲いていた。〈5个词。对外日语教学语法〉
　　　名词 助词 名词 助词　　动词

　　c. 桜の 花が 咲いていた。〈3个词。语言学研究会语法〉
　　　名词 名词　　动词

　　由此可见，对词的不同认定方式，直接影响到语法系统的格局，使得不同的语法系统所划分出来的词类差异很大，不仅词类的种类和数量可能很不相同，这也使得谓词（「用言」）的活用系统（活用表）迥然有别。上述三种看法的主要差异在于，将实词和表示该实词语法意义的成分（标记）的组合看作组合关系（syntagmatic relations），还是看作实词词形的聚合关系（paradigmatic relations）。语言学研究会的语法系统与前两种语法系统的一个显著差异就是认为日语的名词也有词形变化①，并称之为「曲用」（declension），与谓词的词形变化——「活用」（conjugation）相对立。

　　以日本学校语法为代表的传统语法的做法是从语音形式入手，在可以有语音停顿的地方进行切分，将切分下来的要素统统看作"词"（「語、単

---

　　① 这就意味着日语的格标记的性质是构形后缀，即语素，而不是所谓的格助词。

语」），如此一来，日语中许多表示词汇意义的要素和表示语法意义的要素被割裂为完全不同的词，导致日语的许多词，尤其是主要实词类的词在句子中大多不能单独使用，不得已在"词"的上面设定了"句节"（「文節」）这一级语法单位（注意它与"phrase""词组""短语"并非一回事），这就意味着在日语中可以独立运用的语法单位是句节①，而词则降格为构成句节的语法单位。如此一来，日语就成了非常另类的语言，因为在普通语言学看来，词才是最小的能够独立运用的语法单位，而日本学校语法中的词则不然，名词、动词、形容词、形容动词这几类实词大多数情况下不后续所谓的助词、助动词就不能独立运用。换言之，学校语法认为名词、动词、形容词、形容动词的语法意义主要是由助词、助动词来表示的。这里需要说明的是，学校语法划分词类时首先将词分为"独立词"（「自立語」）和"附属词"（「付属語」）两大类，前者可以单独构成句节，后者则不能，它只能黏附在独立词后面与之共同构成句节。这种做法与通常的实词虚词二分法的理据根本不同，因此划分出来的结果也相去甚远。学校语法在理论上的缺陷是显而易见的，词的认定方式的错误，导致语法单位的划分和词类划分的偏差。

在日本从理论上对学校语法进行过系统而深刻的批判的语法学家当推铃木重幸先生，其先后出版的两部论文集『文法と文法指導』（《语法与语法教学》）② 和『形態論・序説』（《形态学导论》）中所收录的大部分论文的论述都是围绕学校语法展开的，而其代表作『日本語文法・形態論』（《日语语法・形态学》）③ 更是在批判学校语法的基础上重新构拟了一套全新的教学语法系统，这套语法系统代表了语言学研究会对于日语语法的基本看法，其后陆续出版的铃木康之主编的『概説・現代日本語文法』

---

① 日本的幼儿读物和小学低年级的课本大多采用分词连写，这都是以句节为单位分开书写的。

② 参见鈴木重幸：『文法と文法指導』. 東京：むぎ書房，1972 年。

③ 20 世纪 60 年代麦书房曾经出版过明星学园国语部编写的『にっぽんご』（《日语》）系列教材，这是一套面向日本小学生系统讲解日语知识的语文教材，其中第 4 册上《语法》（1968 年出版）的内容是词法部分，而『日本語文法・形態論』就是专门为了从理论上系统全面地讲解第 4 册上的教学内容而撰写的。但该书的作用不止于此，后来它被日本学界视为代表语言学研究会语法系统的一部标志性著作。

（《概说现代日语语法》）、『概説・古典日本語文法』（《概说古典日语语法》）① 和高桥太郎等著的『日本語の文法』（《日语语法》）② 以及村木新次郎的专著『日本語の品詞体系とその周辺』（《日语词类系统及其相关问题》）③ 应该说都是对『日本語文法・形態論』的继承和发扬。

笔者在借鉴铃木重幸和语言学研究会的主要学术观点的基础上，发表过数篇对传统语法（学校语法）进行反思和重新审视的论文，同时对日语词类划分也提出了一些不同于前人的见解。另外还对一些语法现象进行过描写，其中或许有新的研究视角。

四　关于日语词组学研究

"词组"或称"短语"（「連語」）是处于词和句子之间的一级语法单位，以词组为研究对象的研究领域是词组学（「連語論」）。有关日语词组的研究始于 20 世纪 50 年代，这项工作是由语言学研究会成员开展起来的，1983 年出版的论文集『日本語文法・連語論（資料編）』（《日语语法・词组学（资料篇）》）④ 是语言学研究会日语词组学研究成果的集大成之作，可以说该书的出版标志着词组学这一研究领域的正式确立。

谈到日语的词组学研究，就不能不提奥田靖雄先生⑤，因为他是日语

---

① 参见鈴木康之主编：改訂新版『概説・現代日本語文法』. 東京：おうふう，1992 年（另参见彭广陆编译：《概说现代日语语法》. 吉林：吉林教育出版社，1999 年）；鈴木康之主编：『概説・古典日本語文法』. 東京：おうふう，1988 年（另参见彭广陆编译：《概说古典日语语法》. 吉林：吉林教育出版社，1997 年）。
② 参见高橋太郎ほか：『日本語の文法』. 東京：ひつじ書房，2005 年。
③ 参见村木新次郎：『日本語の品詞体系とその周辺』. 東京：ひつじ書房，2012 年。
④ 参见言語学研究会編：『日本語文法・連語論（資料編）』. 東京：むぎ書房，1983 年。
⑤ 其代表性著作有，奥田靖雄：『正しい日本文の書き方』. 東京：春秋社，1953 年；奥田靖雄：『国語科の基礎』. 東京：むぎ書房，1970 年；奥田靖雄：『ことばの研究・序説』. 東京：むぎ書房，1984 年；奥田靖雄：『奥田靖雄著作集 – 文学教育編 –』. 東京：むぎ書房，2011 年；奥田靖雄：『奥田靖雄著作集 – 言語学編（1）』. 東京：むぎ書房，2015 年；奥田靖雄：『奥田靖雄著作集 – 言語学編（2）』. 東京：むぎ書房，2015 年；奥田靖雄：『奥田靖雄著作集 – 言語学編（3）』. 東京：むぎ書房，2015 年；奥田靖雄：『奥田靖雄著作集 – 国語教育編 –』. 東京：むぎ書房，2017 年。

词组学研究的开拓者和日语词组研究最具代表性的学者①，他于1976年发表的论文「言語の単位としての連語」（《作为语言单位的词组》）② 是第一篇从理论上全面阐述日语词组学问题的专论，属于经典性文献，在日语语法学史上占有重要的地位，奥田先生本人在其收录该论文的论文集『ことばの研究・序説』（《语言研究导论》）的后记中也提到该论文是其得意之作，他还指出这是因为其背后有大量的语料作为支撑。换言之，正因为奥田先生本人曾经长期身体力行地从事词组学的研究，在其前期发表的一系列有关日语词组个案研究的论文中，提供了大量的新的语言事实并总结出相关规则，这为上述经典论文的写作提供了有力的例证。前文提到的『日本語文法・連語論（資料編）』一书共收录有关日语词组研究的9篇论文，其写作时间从20世纪50年代末至20世纪70年代，2/3的论文未曾公开发表，这9篇论文中只有4篇出自奥田先生之手，但这4篇论文占了全书正文的70%的篇幅（多达300余页），即便这部分单独成书也是分量十足的。其他几篇论文实际上也都是学习奥田先生的论文撰写而成的，奥田先生的核心作用由此可见一斑。

关于日语词组学研究的历史，『日本語文法・連語論（資料編）』一书的主编铃木重幸、铃木康之在该书的前言「編集にあたって」（《编者的话》）中有比较详细的介绍。③ 其中提到，苏联语言学泰斗维诺格拉多夫（Ви́ктор Влади́мирович Виногра́дов，1895～1969）于1954年发表在语言学杂志《语言问题》第3期上的论文《词组研究的问题》（Вопросы изучения словосочетаний）对于语言学研究会的词组研究客观上起到了促进作用，并为其提供了理论上的依据。

"词组"顾名思义就是词与词的组合，但如前所述，在日语语法研究

---

① 奥田先生的学术成就不仅仅限于日语词组学研究，奥田先生的学术贡献是多方面的，从他专著的书名即可看出其研究的广度和深度。仅就日语语法研究而言，奥田先生在日语形态学研究、词组学研究、句法研究方面都做出了突出的贡献，村木新次郎先生在『日本語の品詞体系とその周辺』一书中称三上章和奥田靖雄"是代表20世纪后半叶日语语法界的巨匠"，应该说这一评价恰如其分。参见村木新次郎：『日本語の品詞体系とその周辺』．東京：ひつじ書房，2012年：第437页。

② 参见奥田靖雄：「言語の単位としての連語」．『教育国語』1976年第45号。

③ 关于对日语词组学的研究史，参见鈴木康之：「連語論研究のあゆみ」．『研究会報告』第2014年第36号。

中，不同的语法系统对"词"的认定迥异，这也必然导致对其上一级语法单位"词组"的认定的不同。例如：

太郎は次郎を殴った。／太郎打了次郎。

a. 太郎は 次郎を 殴った。〈学校语法〉
　　词组　 词组　 词组

b. 太郎は 次郎を 殴った。〈语言学研究会语法〉

在学校语法看来，所谓独立词与附属词的组合也是词与词的组合，即词组（「連語」），换句话说，在不少情况下词组与句节（「文節」）是重合的。语言学研究会所认定的词组则不然，他们认为只有实词与实词的组合才是词组。实词与实词组合时，其结构关系大致可以分为以下三种[①]：

①述谓关系（predicative）
②偏正关系（subordinative）
③并列关系（coordinative）

奥田先生等人所研究的词组仅限于偏正关系（向心结构）的词组，他们认为词组学研究的词组是表示指称意义的单位，它由主导词和从属词组成，其中主导词是语法和语义的中心，另外一个或两个从属词在语法和语义上依附于主导词。日语的 SOV 的语序决定了日语的词组总是从属词在前，主导词在后。词组所表示的意义是复合性的，它由主导词和从属词的词汇意义（范畴义）和它们之间的结构义或结构关系（「むすびつき」）组合而成。其中，主导词的词汇意义和从属词的词汇意义的组合决定了二者之间的结构关系，而在这当中，基于主导词词汇意义的句法特征（组配能力）即配价（valency）起到主导作用。另外，词组的结构关系相对于主导和从属词具有一定的独立性，它一旦形成，也会反作用于主导词和从

---

① 言語学研究会編：『日本語文法・連語論（資料編）』. 東京：むぎ書房，1983 年：第 5 頁。

属词的词汇意义，对其进行修正。

将日语词组学研究与兴起于 20 世纪 80 年代后期的构式语法相比较可以看出，尽管二者在研究对象和研究方法上有着显著的不同，但它们之间存在一定的相通之处，例如它们都重视构成成分与结构的关系。虽然词组学所研究的是自由词组，但对固定词组（习语）并非毫不关心，而是将从自由词组到半习语再到习语看作一个连续体，奥田先生的论文当中对于它们之间的关系及其转化条件不乏精彩的论述。相对于重视习语研究的构式语法而言，日语词组学研究具有某种先导作用。

词组可以根据主导词的词性分类如下：

①动词词组（以动词为主导词的词组）

②形容词词组（以形容词为主导词的词组）

③名词词组（以名词为主导词的词组）

④副词词组（以副词为主导词的词组）

因为副词词组的数量较少，所以前三类是词组学研究的重点，当然这三类词组还可以根据从属词词性的不同进一步细分（当从属词是名词时则可以根据名词格标记的不同分为不同的词类）。词组学的任务就是归纳总结出词组不同的结构类型，即建构词组语义关系类型的体系，并阐明不同结构类型之间相互转化的条件。『日本語文法・連語論（資料編）』一书所收录的论文主要对名词与动词的组合（动词词组）进行了描写研究，首先根据从属词格标记的不同而分为不同的类型并分别加以考察。其中奥田先生的论文中的描写和论证颇为精彩，令人折服，堪称描写研究的一个典范。实际上，奥田先生的论文所涉及的问题不止限于词组学本身，它对于日语的语义学研究、熟语学研究、句法研究而言，均不乏可资借鉴之处①。

在日语词组学研究中，铃木康之教授也占有重要地位，数十年来他以继承和发扬奥田先生开拓的日语词组学研究为己任，不仅最早对现代日语

---

① 仁田先生在该书评中开篇就不吝赞美之词，明确指出奥田先生的论文是难得的力作，将长久地成为词组研究、动词语义句法研究的经典性的论文。参见仁田義雄：「言語学研究会編『日本語文法・連語論（資料編）』を読んで」.『国語学』1985 年第 140 集。

名词词组进行了系统性的研究①，而且还对日语词组学研究的范围（研究对象的外延）提出了不同的见解②，晚年在词组学的研究方法上也有所突破，其最新研究成果集中体现在其专著《现代日语词组学》中③。

此外，松本泰丈先生也有关于词组学研究的论著出版④，对确立日语词组学的语法地位和推动词组学研究展开做出了贡献。高桥弥守彦教授近年来也致力于词组学研究（包括汉语词组研究、日汉词组对比研究），并进行了有益的探索⑤，值得关注。

笔者是在铃木康之教授指导下开始日语词组研究的，重点对以复合连体格名词为从属词的词组进行了一系列的个案研究⑥，并以此为基础，在奥田先生的悉心指导下完成了「複合連体格の名詞を "かざり" にする連

---

① 参见鈴木康之：「ノ格の名詞と名詞とのくみあわせ（1）」.『教育国語』1978 年第 55 号；鈴木康之：「ノ格の名詞と名詞とのくみあわせ（2）」.『教育国語』1979 年第 56 号；鈴木康之：「ノ格の名詞と名詞とのくみあわせ（3）」.『教育国語』1979 年第 58 号；鈴木康之：「ノ格の名詞と名詞とのくみあわせ（4）」.『教育国語』1979 年第 59 号。

② 参见鈴木康之：「連語とはなにか」.『教育国語』1983 年第 73 号；鈴木康之：「わたくしのかんがえる 連語論」.『国文学解釈と鑑賞』2006 年第 1 号；鈴木康之：「わたくしのかんがえる 連語論（2）」.『国文学解釈と鑑賞』2006 年第 7 号；鈴木康之：「わたくしのかんがえる 連語論（3）」.『国文学解釈と鑑賞』2007 年 1 月；鈴木康之：「これからの連語論研究のために」.『日中言語対照研究論集』2010 年第 12 号。

③ 参见铃木康之 著，彭广陆、毕晓燕 译：《现代日语词组学》.北京：北京大学出版社，2013 年。

④ 参见松本泰丈：『連語論と統語論』.東京：至文堂，2006 年。

⑤ 参见高橋弥守彦：「連語内部における 単語の基本義と派生義と について」.『大東文化大学紀要』2006 年第 44 号；高橋弥守彦：「連語論から見る日中対照研究」.『日中言語対照研究論集』2007 年第 9 号；高橋弥守彦：「格付き空間詞と 〈ひと〉 の動作を表す動詞との関係—日中対照研究を視野に入れて」.『語学教育フォーラム』2009 年第 17 号；高橋弥守彦：「連語論から見る中日両言語—位置移動の動詞 "上"」.『日中言語対照研究論集』2016 年第 18 号；高橋弥守彦：「連語論から見る中日両言語—位置移動の動詞 "下" ＋客体」.『研究会報告』2018 年第 42 号。

⑥ 参见彭广陆：「カラノ格の名詞と名詞とのくみあわせ」.『日本語教育国際シンポジウム論文集』.西安：西安交通大学出版社，1993 年；彭广陆：「トノ格の名詞と名詞との組み合わせ」.《日本学论丛》1995 年第Ⅶ号；彭广陆：「〈Nカラ N ヘノ N〉をめぐって」.《日语学术文集》.南京：南京出版社，1996 年；彭广陆：「デノ格の名詞と名詞とのくみあわせ」.《日本学研究》1996 年第 5 期；彭广陆：「マデノ格の名詞と名詞とのくみあわせ」.《中国日语教学研究文集》1998 年第 6 期；彭广陆：「ヘノ格の名詞と名詞とのくみあわせ」.《日本学研究论丛》1998 年第 2 辑。

語」(《以复合连体格名词为主导词的词组》)①一文的写作，基本上勾勒出日语中以复合连体格名词为从属词的名词词组的全貌。此外，笔者还对日语词组学研究提出了一些自己的看法②。

五　关于日语教学语法系统的研究

第二次世界大战以后，日本的经济迅速复苏，经过高速增长期（1955～1973）后一跃成为世界经济大国，世界开始关注日本，人们开始研究日本的文化，世界上学习日语的人口不断增长，日本的外国留学生也不断增加，逐渐形成了世界范围的"日语热"。这种大环境促使对外日语教学（「日本語教育」）成为一门独立的学科，有关研究成果不可胜数。

在日本，面向日本人的语文教学（「国語教育」）采用的是所谓的学校语法系统（「学校文法」），而在面向外国人进行的对外日语教学采用的则是对外日语教学语法系统（「日本語教育文法」），可以说这是两套相当不同的语法系统，但后者是在前者的基础上进行了大幅度的改动而形成的。对于日本对外日语教学中的语法教学及其研究，笔者的基本看法是：

①整体上存在着淡化语法教学的倾向，对语法教学的重要性认识不足。
②从使用的语法术语也可以看出，在语法教学中重视实用性，随意性较强，忽视系统性、科学性的现象比较明显③。
③在一些专家学者的研究中，存在着混淆教学语法研究和语法教学研究的倾向④，许多以「日本語教育文法」为书名的专著或教参鲜

---

① 参见彭广陆：「複合連体格の名詞を"かざり"にする連語」.『ことばの科学9』. 東京：むぎ書房，1999年。另该文还被收入《日语语法新论》。
② 参见彭广陆：「連語論研究の再出発」.『21世紀言語学研究－鈴木康之教授古希記念論集－』. 東京：白帝社，2004年。
③ 参见彭广陆：《论日本的教学语法系统》.《日语学习与研究》2011年第4期。
④ 在笔者看来，教学语法研究应该是对教学语法系统本身的研究，属于理论研究；教学语法系统是语法教学的基础和理论依据。而语法教学则是语法系统在教学环节中的具体呈现，至于在什么阶段应该教授哪些语法点，特定的语法点应该如何教授，这些问题都属于语法教学研究的范畴，应该说它属于实践性研究。教学语法研究和语法教学研究互有关联，都很重要，但二者研究的对象和方法不同，因此不应混淆。参见彭广陆：「日本語文法教育及び日本語教育文法をめぐる諸問題」.『日中言語研究と日本語教育』2011年第4号。

有系统论述或介绍语法系统者，虽然从表面看有关对外日语教学语法的研究硕果累累，实则不然，教学语法研究非常薄弱，乏善可陈。

④就语法系统本身而言，对外日语教学语法较之学校语法有了很大的改进，无论是词类划分还是活用表都更加完善（这得益于日语语法本体研究的进步和发展）。但是，这种改进还不够彻底，个别地方较之学校语法不仅没有改善，反而改恶了，倒洗澡水不应把孩子也倒掉①。

⑤正是对教学语法缺乏系统而深入的研究，导致许多本应作为词法处理的语法现象无法得到合理的解决，具体而言，许多可以看作实词词形的语法形式因为无法给予准确的语法定位，无奈之下只得全部处理为句型（句式）（「文型」「表现文型」），所以句型教学成为语法教学的主要内容，同时也导致有关日语句型的工具书大行其道，深受教师和学习者的欢迎，这从外语教学的角度来看，是一个非常奇异的现象②。

我国可以说是世界上最早将日语作为外语进行教学的国家③，也是名副其实的日语教育大国，日语学习者人数、高等教育中日语专业的学生数

① 参见彭广陆：《日本学校语法与日语教学语法的对比——兼论我国日语语法教学改革》.《日本学论丛》. 北京：外语教学与研究出版社，2009年；彭广陆：《论日本的教学语法系统》.《日语学习与研究》2011年第4期。
② 参见彭广陆：《日语的「（表现）文型」「（表现）文型辞典」与语法体系》.《日本学研究》2009年第19期。
③ 许海华指出，中国官办日语教育可以追溯到明嘉靖年间（1522~1566），而日语教学的兴起则在清末，清政府驻日公使馆于1882年开办东文学堂，12年间共培养20余名日语专门人才，这是我国近代官办日语教育的滥觞。在我国本土的日语教育则以官办外语学堂——同文馆于1897年（光绪二十三年）在京师、广东开设东文馆（日文馆）为肇始，参见许海华：《中国近代日语教育之发端——同文馆东文馆》.《日语学习与研究》2008年第1期。当然，关于同文馆开设（增设）东文馆的时间，学者们观点不一，除许海华外，李传松、许宝发和王宝平也认为是1897年。参见李传松、许宝发：《中国近现代外语教育史》. 上海：上海外语教育出版社，2006年；王宝平：《近代中国日语翻译之滥觞——东文学堂考》.《日语学习与研究》2014年第2期。而邹振环、张美平和苏精则认为是1895年。参见邹振环：《晚清同文馆外语教学与外语教科书的编纂》.《学术研究》2004年第12期；张美平：《京师同文馆外语教育研究》. 杭州：浙江大学出版社，2017年；苏精：《清季同文馆及其师生》. 福州：福建教育出版社，2018年。

和教师数均居世界首位①，因此，我们有责任也有义务对日语研究和日语教学研究做出应有的贡献。笔者曾主持国家社科基金项目"日语教学语法系统研究"（项目号：04BYY043），对日语教学语法系统进行过较为系统的探讨，《日语语法新论》中收录了其部分成果。在此，简单介绍一下笔者对国内日语语法教学的一些看法：

①尽管日本的对外日语教学早已摒弃了学校语法，如今已是清一色的对外日语教学语法，但在我国，日本学校语法的影响根深蒂固（这与我国日语教育历史悠久不无关系），甚至近年来新出版的日语精读教材有的仍在采用学校语法，给人抱残守缺的感觉。将漏洞百出（在逻辑上解释不通）的"知识"灌输给学生，很难说是一种负责任的态度。

②许多教师对日本的学校语法缺乏理性思考和深入细致的研究，对日本和国内新的有关研究成果也缺乏足够的关注，以致有不少人将日本的学校语法视为金科玉律，不敢越雷池一步。还有人在认识上存在着误区，认为日本的学校语法尽管不适合欧美的学习者，但适合我们中国人学习，这从逻辑上也是说不通的②。

③有的教师因为自己过去学的是学校语法，多年来一直在教授学校语法，甚至已经得心应手，因此形成了一种思维定式，也有的教师舍不得放弃使用多年的教案等，因此不愿意接受新的观念，对采用了新的教学语法系统的教材予以排斥，这种懒惰思想和做法只能以其昏昏，使人昭昭③。

④从目前我国正式出版的高校日语专业使用的精读教材来看，前

---

① 日本国际交流基金会于 2018 年实施的海外日语教育机关调查的结果表明，中国大陆的日语学习者人数为 1004625 人（其中高等教育阶段的学习者为 575455 人），日语教师的数量为 20220 人（其中高等教育阶段的日语教师人数为 11252 人，上述各项指标在日本除外的国家中均居首位）。参见「海外の日本語教育の現状 2018 年度日本語教育機関調査より」，国際交流基金，https://www.jpf.go.jp/j/project/japanese/survey/result/survey18.html。

② 彭广陆：《我国日语语法教学中存在的问题和认识误区》.《日本语言文化研究论集——纪念吉林大学日语专业创立 50 周年》. 吉林：吉林出版集团有限责任公司，2014 年。

③ 关于国内日语语法教学的现状，参见彭广陆、周彤：《关于高校日语专业语法教学现状的调查——以对语法系统的认知状况为中心》.《语言学研究》2011 年第 9 辑。

面提到的三套语法系统——日本学校语法、对外日语教学语法、语言学研究会语法被不同的教材采用，有的教材所采用的语法系统是以上述三套语法系统中的一种为基础进行局部改动形成的。这种百花齐放、百家争鸣的局面所表现出的复杂性和多样性从世界范围看也是绝无仅有的，这既可以看作我国日语界包容性的一个体现，也可以视为我国日语界对日语教学语法系统的积极探索。

在对既有的语法系统进行比较和审视的基础上，笔者借鉴语言学研究会语法，试图建构一套面向中国的日语学习者（汉语母语者）的日语教学语法系统，该日语教学语法系统力争达到如下的目标：

①符合普通语言学的基本规律。
②符合日语事实。处理好语言共性和日语个性的关系。
③考虑逻辑系统性。
④兼顾汉语语法系统，照顾汉语母语者学习日语的特点。

当然要做到这些绝非易事，不可能一蹴而就，但这是笔者追求的一个目标。对日语语法而言，一套语法系统的主要标志是其词类系统和活用系统，在这两方面笔者都在以往的论文中提出了自己的见解①。

结　语

以上这些文字，可以说是对笔者所从事的日语语法研究的背景所做的大致说明，其中也阐述了笔者的一些观点，因为力求要言不烦，或许有些问题没有交代清楚，但应该可以在笔者的相关论文和即将出版的专著中找

---

① 参见彭广陆：《中国日语教学语法系统的建构》.《北研学刊》2004 年创刊号；彭广陆：《论日语语法教学改革与面向中国日语学习者的日语教学语法系统的建构》.《语言学研究》2010 年第 8 辑；彭广陆：《面向汉语母语者的日语教学语法系统的建构》.《日语语法教学研究》. 北京：北京大学出版社，2013 年；彭广陆：《再论日语动词的活用》.《日本语言文化研究》2014 年第 10 辑。

到答案，敬请读者见谅。

笔者认为，任何人文社会科学研究至少应该具备三个要素：传承性、批判性、创新性（原创性）。对于笔者有关日语语法研究的学术脉络即传承性，通过上面的介绍读者应该会有一个初步的了解，至于批判性和创新性是如何体现的，有待读者评说了。书中所涉及的批判性的内容是否符合事实，逻辑上是否能够自洽，所谓的"创新"是否能够站得住脚，也只能由实践来检验了。

笔者还认为，对于前人的研究成果，全盘否定和全盘接受都是不可取的，同时，创新也应该慎重，"为赋新词强说愁"和"故作惊人之语"式的"创新"是不足为训的。笔者非常欣赏金立鑫先生所言的："实事求是"是科学研究的重要原则，"我们可以不向任何理论或权威低头，但必须向事实低头"。这是科学工作者的基本信念。① 笔者个人比较偏好描写研究，以往所做的研究也是以描写为主的，笔者以乔姆斯基主张的"三个充分"② 为努力目标，虽不能至，然心向往之。笔者对三个充分之间的关系是这样理解的（见图1）。

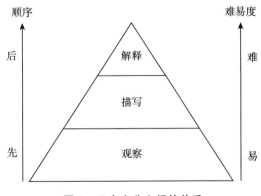

图1　三个充分之间的关系

就研究的顺序而言，首先要进行观察，在此基础上进行描写，然后进

---

① 引自与笔者的私人通信。

② "三个充分"指观察充分（observational adequacy）、描写充分（descriptive adequacy）和解释充分（explanatory adequacy）。参见乔姆斯基 著，黄长著、林书武、沈家煊 译：《句法理论的若干问题》. 北京：中国社会科学出版社，1986 年；徐盛桓：《语言学研究的三个取向——研海一楫之一》.《解放军外国语学院学报》2000 年第 5 期。

行解释。虽然要做到"三个充分"均非易事，但相比较而言，解释最难，描写次之，而观察相对容易一些。或许笔者的研究对语言事实的观察还不够充分，描写也不够全面细致，解释还远不能让人满意，但是如果能够提供一些新的语言事实或揭示一定的语言规律，如果能够对别人或后人的研究提供一些有益的线索，笔者将会感到十分欣慰。

书中所论，不过是一管之见，因学力不逮，恐谬误之处当不在少数。笔者不揣简陋，出版《日语语法新论》一书，一是为了总结，二是为了反思，以期在方法论上有所改进，在今后的研究道路上少走弯路。捡拾旧作，通读书稿，不免汗颜，痛感自己的无知和学识浅薄。尽管笔者在语法研究的道路上刚刚迈出了一小步，今后的道路还很漫长而曲折，但笔者会义无反顾地继续走下去。

（说明：在本文执笔过程中，得到金立鑫教授、司富珍教授、赵刚教授以及孙佳音、周彤、杨文江等老师和赵锦瑞同学的帮助，谨此致谢。敬请方家批评指正。）

日语语言的
跨学科研究

日语原创政治文本与翻译政治文本中的
动词敬语比较研究[*]

朱鹏霄　袁建华^{**}

[摘　要] 本文以敬语为切入点，基于语料库方法比较分析了日语原创政治文本和翻译政治文本中的动词敬语。考察发现，日语原创政治文本中的动词敬语总量和形式均多于日语翻译政治文本；日语原创政治文本中的动词敬语以自谦语为主，日语翻译政治文本以郑重语为主且用法高度集中。汉日敬语体系不同、日语敬语习得困难及源语风格介入等导致了上述差异。

[关键词] 政治文本　翻译　敬语　语料库

引　言

　　敬语在日语语言生活中占有重要地位，恰当使用敬语可有效调节人际社会心理距离，构建良好人际关系，推动交际目的顺利达成。因此，上至政府首脑下至黎民百姓均十分关注敬语的使用。日本国语审议会、文化审议会甚至多次召开敬语专题会议，从国家层面出台敬语使用规范。不难想象，敬语翻译得体与否直接关系到翻译文本的母语受众是否接受。鉴于

---

　*　本文系 2020 年度国家社科基金项目"基于语料库的习近平著述日译文本语言特征研究"（项目号：20BYY216）及 2018 年度天津市社科重点委托项目"习近平著述及讲话日译策略研究"（项目号：TJWYZDWT1801 - 04）的阶段性成果。

**　朱鹏霄：天津外国语大学日语学院教授，研究领域为日语语料库语言学、语料库翻译学、汉日对比研究。袁建华：天津外国语大学日语学院讲师，研究领域为日语形态学、汉日对比研究。

此，本文将以日语原创政治文本和日语翻译政治文本为研究素材，以其中的敬语使用为切入点，探讨两者之间的共性特征和差异表现，以期为我国政治文本的日译活动提供参考。

一 文献综述

前人关于敬语的研究大致可分为 5 类：（1）敬语运用研究，该类多为对敬语使用或变化的调查，如水谷①、仓持②、海野③、小木曽、金贤真④等；（2）敬语对比研究，该类侧重通过对比凸显日语敬语特点，如日本国立国语研究所、荻野、马濑、白同善、Azarparand、石山⑤等；（3）敬语翻译研究，该类重点探讨日语敬语翻译策略，如陈瑞红、吉田、Gharahkhani⑥等；（4）敬语教育研究，该类侧重探讨有效的敬语指导策略，如木谷、宫冈、

---

① 参见水谷美保：「〈イラッシャル〉に生じている意味領域の縮小」.『日本語の研究』2005年第 4 期。

② 参见倉持益子：「新敬語〈ス〉の使用場面の拡大と機能の変化」.『明海日本語』2009年第 14 期。

③ 参见海野輪華見：「レル敬語の用法拡大に関する研究—東京の職場を中心に」.『日語日文學研究』2012 年第 83 期。

④ 参见小木曽智信：「BCCWJにおける敬語形式の使用実態」.『第 5 回コーパス日本語学ワークショップ予稿集』2014 年；金賢眞：「ウェブコーパス〈梵天〉による敬語研究—その活用可能性に関する事例的検討」.『言語資源活用ワークショップ2017 発表論文集』2017 年。

⑤ 参见日本国立国語研究所：『言語行動における日独比較』. 東京：三省堂，1984 年；荻野綱男：「日本人と中国人の敬語行動の対照言語学的研究」.『科学研究費報告書』1986年；馬瀬良雄：「言語行動における日本・台湾・マレーシア（マレー系）の比較：大学生の挨拶行動を中心に」.『國語學』1988 年第 155 期；白同善：「絶対敬語と相対敬語」.『世界の日本語教育』1993 年第 3 期；Sohrab Azarparand：「ペルシア語における敬語表現：素材敬語を中心に」.『言語社会』2008 年第 2 期；石山哲也：「日本語とベトナム語の現代敬語体系に関する一考察」.『日本近代學研究』2014 年第 46 期。

⑥ 参见陳瑞紅：「日本語と中国語の敬語表現—吉本ばななの作品とその翻訳を題材に—」.『人間文化研究科年報』2008 年第 21 期；吉田孝：「日・英敬語 < politeness expression > 対照研究　日本語の敬語表現は英語ではどのように表わされるか——川端康成著『雪国』（昭和 12 年（1937））の作品中の敬語表現と Edward G. Seidenstickerによる同著英語翻訳書：*Snow Country*（Tuttle Publishing Co.）中の英語翻訳文を資料として」.『人間発達文化学類論集』2011 年第 14 期；Fatemeh Gharahkhani：「日本語・ペルシア語間の翻訳における重訳の影響：敬語表現を対象に」.『言語社会』2018 年第 12 期。

原田、永田①等；（5）敬语传播学研究，该类研究多围绕新闻媒体中敬语的使用探讨和社会关系，如真贝、武市、新井、杉森②等。

迄今的日语敬语翻译研究多集中于文学领域：吉田主要考察川端康成《雪国》中敬语的英译表达；陈瑞红则以日本作家吉本芭娜娜在台湾地区出版的 12 部作品的 19 个译本为研究对象；Gharahkhani 讨论了川端康成《掌上的小说》英译本译为波斯语时的敬语翻译。另外，也有研究专门探讨汉日敬语的对译问题，如曾小燕提出了汉日敬语互译时应遵循的 5 个原则③，张哲瑄从文化视角分析了汉日敬语原则及其翻译、表达策略④，潘小英则进一步分析了汉日敬语非等值翻译的原因，将其总结为中日敬语发展史、敬语体系、社会文化及敬语教育等⑤。

二　研究目的及使用语料

从文献综述可知，翻译视阈下的日语敬语研究尚不充分，主要存在以下几点问题：（1）研究多集中于文学作品的翻译，研究素材文体单一；（2）朴素的质性分析占多数，客观的量化分析尚显不足；（3）侧重源语和

---

① 参见木谷直之：「外交官の日本語使用実態調査—外交官日本語研修における〈学習目的重視の日本語教育〉を目指して—」.『日本語国際センター紀要』1997 年第 7 期；宫冈弥生：「中国語母語話者における日本語習得上の困難点」.『広島経済大学研究論集』2005 年第 4 期；原田大樹：「小学校・中学校国語科における敬語指導教材」.『福岡女学院大学紀要』2008 年第 18 期；永田里美：「国語科教育における敬語指導の課題 – 次期学習指導要領の〈敬意と親しさ〉を見据えて」.『明星大学教育学部紀要』2019 年第 9 期。

② 参见真貝義五郎：「新聞の皇室報道における敬語の問題」.『新聞学評論』1990 年第 40 期；武市英雄：「〈報道自粛〉を考える：皇太子妃報道を中心に」.『マス・コミュニケーション研究』1993 年第 43 期；新井直之：「天皇報道：敗戦から半世紀」（＜特集＞戦後五〇年：連続と不連続）.『マス・コミュニケーション研究』1995 年第 47 期；杉森（秋本）典子：「占領はどのように新聞の天皇への敬語を簡素化させたか：検閲前と出版後の皇室記事と関係者のインタビューの分析」（＜特集＞敬語研究のフロンティア）.『社会言語科学』2008 年第 11 期。

③ 参见曾小燕：《汉日敬语的翻译原则》.《海外华文教育》2014 年第 3 期。

④ 参见张哲瑄：《跨文化视域下中日敬语原则及翻译、表达策略》.《吉林省教育学院学报》2016 年第 3 期。

⑤ 参见潘小英：《中日敬语非等值翻译之原因探析》.《长江大学学报》（社会科学版）2012 年第 9 期。

目标语的对译研究，对原创和翻译文本的差异考察匮乏；（4）重视从日语到外语的语码转换，对转换过程关注不充分。

Nida 和 Taber 强调，要重视读者反映在翻译活动中的作用[1]，黄友义也指出，翻译要对读者给予关照，翻译译文要贴近国外受众的思维习惯[2]。鉴于此，本文选择政治文本为研究素材，采用语料库方法，探讨原创文本和翻译文本中敬语表达之间的共性特征和差异表现，以期为我国政治文本的日译活动提供参考。

在日语中，动词、名词、形容词、副词等近乎所有词类中均存在敬语形式，但其中又以动词组构的敬语最为丰富多样，远非其他词类可比拟。基于此，下文主要考察动词组构的敬语在两种文本中的异同。

在调查中，日语原创政治文本使用了日本前首相安倍晋三在 2012 年 12 月 26 日至 2016 年 8 月 3 日期间在日本国会以外的公开讲话，总计 284925 字符。日语翻译政治文本使用了外文出版社出版的《习近平谈治国理政》第一卷的日文译本，其中收录了习近平主席在 2012 年 11 月 15 日至 2014 年 6 月 13 日期间的讲话、谈话、演讲等，总计 285102 字符。

笔者在处理日语文本时，使用了日本京都大学信息研究科开发的开源分词工具 MeCab，分词处理时搭配使用了分词词典 mecab-ipadic-neologd。选择该分词词典的原因有二：一是其收录的单词量大，总计收录 292 万个单词；二是其收录的新词多，有利于对新词的分词处理。

三　政治文本中的动词敬语

对于日语敬语，学界有诸多分类，其中较普遍的是将其分为尊敬语、自谦语、礼貌语。根据语言生活的实际变化，日本文化厅于 2007 年又在此基础上将其细分为尊敬语、自谦语、郑重语、礼貌语、美化语。鉴于翻译文本中未使用礼貌语，又鉴于美化语多见诸名词，二者和本文要考察的动

---

[1]　参见 Eugene A. Nida & Charles Taber, *The Theory and Practice of Translation*, Leiden: E. J. Brill, 1974。

[2]　参见黄友义：《坚持"外宣三贴近"原则，处理好外宣翻译中的难点问题》，《中国翻译》2004 年第 6 期。

词敬语关联不密切，故下文分析时仅关注尊敬语、自谦语、郑重语 3 类。这 3 类敬语在原创文本和翻译文本中的分布情况，如表 1 所示。

表 1　原创文本和翻译文本中动词敬语的整体分布

单位：例

敬语类型	原创文本	翻译文本
动词尊敬语	207 （20.8%）	10 （5.0%）
动词自谦语	514 （51.6%）	33 （16.3%）
动词郑重语	275 （27.6%）	159 （78.7%）
例句总数	996 （100%）	202 （100%）

由表 1 可知，原创文本中动词敬语的总量远高于翻译文本，前者是后者的 4 倍多。另外，原创文本中的动词敬语以自谦语为主，而翻译文本的动词敬语以郑重语为主，两类政治文本中的动词敬语运用各有侧重。这些差异也暗示我们有必要对两类政治文本中的动词敬语使用情况进行深入挖掘。

1. 政治文本中的动词尊敬语

本部分将探讨原创政治文本和翻译政治文本中的动词尊敬语，分析时我们先简述动词尊敬语的类型，然后结合统计阐明两类政治文本中动词尊敬语的差异。

结合前人研究成果以及两类政治文本中的实际使用情况，我们将动词尊敬语分为两大类。

第一类是特定动词构成的尊敬语，我们将其命名为词汇型尊敬语，如：

（1）ここには著名な教授が多数いらっしゃるし、人材も輩出しており、貴学が各分野で収めている素晴らしい成績に対して、熱烈にお祝いの言葉を贈りたいと思う。（『習近平国政運営を語る』第一巻）

（2）インドネシアやマレーシア、パキスタンの皆さんなら、イスラムの教えにも、慈悲や、仁と同じ道徳があると、きっと<u>おっしゃる</u>でしょう。（2016 年 1 月 19 日，「アジアの価値観と民主主義」シンポジウムにおける安倍総理大臣挨拶）

（3）お二人と共に、この場で、改めて、大震災の後、OECDをはじめ世界の皆さんが<u>下さった</u>温かい支援に、心から感謝申し上げたいと思います。（2014 年 5 月 6 日，OECD 閣僚理事会安倍内閣総理大臣基調演説）

（4）例えば、お年を<u>召した</u>方の介護のために、農業や、サービス産業を効率化するために、はたまた、災害リスクを低くするために、であります。（2014 年 10 月 5 日，STSフォーラム2014 年年次総会における安倍総理スピーチ）

第二类是由语法形式衍生而来的尊敬语，我们将其命名为语法型尊敬语，该类型具体又可细分为 A、B、C、D 等 4 小类。

A 小类是敬语接头辞与和语动词连用形或汉语动词词干构成的尊敬语，如：

（5）この理事会の成功のため、共に<u>ご尽力くださった</u>、副議長国の英国、スロベニア、更にはグリア事総長以下の事務局の皆さんの献身的な貢献に対して、この場をお借りしまして、感謝申し上げる次第であります。（2014 年 5 月 6 日，OECD 閣僚理事会安倍内閣総理大臣基調演説）

（6）<u>お分かりでしょう</u>、いわゆるBOPビジネスとして、女性の力に期待する特徴をもっています。（2013 年 9 月 26 日，第 68 回国連総会における安倍内閣総理大臣一般討論演説）

（7）この度、天皇皇后両陛下におかれましては、フィリピンを国賓として<u>御訪問なさる</u>ことになりました。（2015 年 12 月 4 日，内閣総理大臣談話）

（8）先日、昭和の名横綱、北の湖親方が<u>お亡くなりになりまし</u>

た。ご冥福をお祈りしたいと思います。（2015 年 12 月 14 日，内外情勢調査会 2015 年 12 月全国懇談会　安倍総理スピーチ）

B 小类是动词未然形与助动词「れる」「られる」等构成的尊敬语，如：

（9）忘れてはならないのは、二度目の冬を迎え、未だに仮設住宅などで不自由な生活を<u>送られている</u>被災地の皆さんのことです。(2013 年 1 月 1 日，安倍内閣総理大臣平成 25 年年頭所感)

（10）その先頭に<u>立っておられた</u>のが、本日御列席されている笹川会長です。日本財団は、延べ129か国 1075 人を世界各国に留学させ、卒業生を「笹川フェロー」として世の中に送り出してきました。(2015 年 7 月 20 日，第 20 回「海の日」特別行事総合開会式における安倍内閣総理大臣スピーチ)

（11）連主席が<u>話された</u>通り、中国の夢と台湾の前途とは互いに緊密に関係している。中国の夢は両岸共通の夢であり、みなで夢をかなえる必要がある。(『習近平国政運営を語る』第一巻)

（12）まず、プーチン大統領とロシア政府が今回のサミットのために積極的な努力と周到な準備を<u>された</u>ことに謹んで心より感謝の意を表したい。(『習近平国政運営を語る』第一巻)

C 小类是动词连用形通过助词「て」和其他敬语形式构成的尊敬语，如：

（13）タンザニアの美しい土地に足を踏み入れたとたん、タンザニア人民の中国人民に対する熱意あふれる友情を感じ取った。タンザニア政府と人民は特別に盛大な歓迎式典を<u>行ってくださった</u>。(『習近平国政運営を語る』第一巻)

（14）相川さんは、自分 1 人がやったのではない、ケニア政府の人たち始め、たくさんの人に支えられたからだと、そう<u>思っておいででしょう</u>。(2013 年 6 月 1 日，TICADV 開会式安倍内閣総理大臣

オープニングスピーチ）

（15）この会議が大きな契機となり、参加各国が情報と経験を
共有し、地球規模での課題解決に更に取り組んでいかれますことを
期待し、私のスピーチとさせていただきたいと思います。（2016 年
4 月 26 日，2016 年 G7 伊勢志摩サミットに向けた世界人口開発議員
会議開会式　安倍総理基調演説）

D 小类是汉语动词词干后续其他敬语形式构成的尊敬语，如：

（16）さきほど、朱善路同志が大学の仕事の状況を報告なさり、
何人かの大学生、青年教師の皆さんが相次いで発言をなさった。
（『習近平国政運営を語る』第一巻）

以上结合两类政治文本中的实例，简述了动词尊敬语的类型。那么两
类政治文本中的动词尊敬语是否存在共性和差异呢？对此笔者进行了调查
统计，如表 2 所示。

表 2　原创文本和翻译文本中的动词尊敬语

单位：例

敬语类型	下位类型	语言形式	原创文本	翻译文本
词汇型尊敬语	—	いらっしゃる	13	1
	—	おっしゃる	5	0
	—	くださる	1	0
	—	召す	3	1
	—	なさる	0	1
小计			22	3
语法型尊敬语	A	お（ご）~くださる	14	0
		お（ご）~だ	3	0
		お（ご）~なさる	1	0
		お（ご）~になる	15	0
		ご~される	2	0

敬语类型	下位类型	语言形式	原创文本	翻译文本
语法型尊敬语	B	～られる	68	4
	C	～て（ら）れる	22	0
		～ておいで	5	0
		～てくださる	55	2
	D	～なさる	0	1
小计			185	7

表2是对原创文本和翻译文本中动词尊敬语使用情况的统计。由表2不难看出两点显著差异。第一个差异是数量差异，原创文本中的动词尊敬语总计207例，远多于翻译文本中的10例。第二个差异是形式类型差异，原创文本中的动词尊敬语几乎涵盖了词汇型尊敬语和语法型尊敬语的所有类型，而翻译文本中的动词尊敬语的类型分布存在明显不均衡，部分类型甚至存在缺失。

2. 政治文本中的动词自谦语

本部分探讨原创文本和翻译文本中的动词自谦语，分析时我们先简述动词自谦语的类型，然后结合统计阐明两类政治文本中动词自谦语的差异。结合前人研究成果以及两类政治文本中的实际使用情况，笔者将动词自谦语分为两大类。

第一类是特定动词构成的自谦语，我们将其命名为词汇型自谦语，如：

（17）また、今回の訪問のために念入りな手配をし、熱意あふれるもてなしをしていただいたキクウェテ大統領とタンザニア政府に感謝を申し上げたい。（『習近平国政運営を語る』第一巻）

（18）そこでようやく、日米の間にあるわたくしたちの繋がりについて一言申し述べることができます。（2013年2月22日，安倍総理大臣の政策スピーチ）

（19）私たちに果たすべき役割がある限り、勇んで引き受ける覚悟だと申し添えます（2015年1月17日，日エジプト経済合同委員会合における安倍内閣総理大臣政策スピーチ）

（20）その結果、今年も、現役の総理大臣として、皆さんにお目にかかることができています。(2015 年 12 月 14 日，内外情勢調査会 2015 年 12 月全国懇談会　安倍総理スピーチ)

（21）国民の皆さんの御理解を賜りますよう、お願い申し上げます。(2013 年 12 月 26 日，安倍内閣総理大臣の談話)

（22）TICAD Vを通じて，皆様との友情の輪を末永く広げゆくための機会としてまいりたいと存じます。（2013 年 5 月 31 日，TI-CADV 総理・横浜市長共催歓迎レセプションにおける 安倍総理スピーチ)

（23）本日は、新興国として世界の注目を集めるバングラデシュで、両国ビジネス関係の皆様にお目にかかる機会をいただき大変光栄に思います。(2014 年 9 月 6 日，日本バングラデシュ・ビジネス・フォーラムにおける 安倍総理スピーチ)

（24）改めてアフリカの皆様から頂戴した御支援並びに御見舞いに対し，衷心よりお礼申し上げます。(2013 年 5 月 31 日，TI-CADV 総理・横浜市長共催歓迎レセプションにおける 安倍総理スピーチ)

（25）ワシントンで皆様と御一緒した時、日本は世界の平和と繁栄のため、これまでにも増して、積極的に貢献しなくてはならないと申しました。(2015 年 10 月 4 日，STSフォーラム第 12 回年次総会における 安倍総理スピーチ)

（26）カザフスタンは、今後、対外援助機関を設立すると伺いました。JICAにはこの分野での経験が豊富にあります。(2015 年 10 月 27 日，カザフスタンにおける 安倍内閣総理大臣政策スピーチ)

（27）天皇皇后両陛下の御臨席を仰ぎ、内外多数の方々の御参列を得て、国際法曹協会の年次総会を東京にお迎えできたことは、私の深く喜びとするところでございます。[2014 年 10 月 19 日，国際法曹協会（IBA）東京大会年次総会　安倍総理スピーチ]

第二类是由语法形式衍生而来的自谦语，我们将其命名为语法型自谦语，该类型具体又可细分为 A、B 两小类。

A 小类是敬语接头辞与和语动词连用形或汉语动词词干构成的自谦语，如：

（28）この問題についてお話ししようと思ったのは、五・四運動の精神の発揚からの連想である。（『習近平国政運営を語る』第一巻）

（29）中国・アラブ諸国協力フォーラム第六回閣僚級会議の開催を心からお祝い申し上げる。（『習近平国政運営を語る』第一巻）

（30）加えてアフリカからは、行政官の皆さんを、日本へお呼びします。（2013 年 6 月 1 日，TICADV 開会式安倍内閣総理大臣オープニングスピーチ）

（31）そして、負傷された方々とご家族の方々に心からお見舞い申し上げます。（2016 年 7 月 15 日，フランス共和国・ニースにおける事件を受けた安倍内閣総理大臣によるフランソワ・オランド 大統領宛弔意メッセージ）

（32）皆様には、動き回るのにお使いいただくことができるでしょう。（2015 年 10 月 4 日，STSフォーラム第 12 回年次総会における安倍総理スピーチ）

（33）本日は、第 2 回野口英世アフリカ賞授賞式に御参列いただき、誠にありがとうございます。（2013 年 6 月 1 日，第 2 回野口英世アフリカ賞授賞式における総理式辞）

B 小类是动词连用形通过助词「て」和其他敬语形式构成的自谦语，如：

（34）そのように、留学経験者の皆さんには、どこにいようとも、祖国と人民のことを常に念頭に置いていただきたい。（『習近平国政運営を語る』第一巻）

（35）もっと日本を知っていただき、そして、実際に目で見て感じ、日本の人々と<u>交流していただきたい</u>と思います。[2015 年 9 月 28 日，日本政府観光局（JNTO）主催訪日セミナー　安倍総理挨拶]

以上结合两类政治文本中的实例，简述了动词自谦语的类型。那么两类政治文本中的动词自谦语是否存在共性和差异呢？对此笔者进行了调查统计，如表 3 所示。

表 3　原创文本和翻译文本中的动词自谦语

单位：例

敬语类型	下位类型	语言形式	原创文本	翻译文本
词汇型自谦语	一	申し上げる	114	7
	一	申し述べる	2	0
	一	申し添える	3	0
	一	お目に掛かる	5	0
	一	賜る	2	0
	一	存じる	7	0
	一	頂く	41	0
	一	頂戴	1	0
	一	申す	9	0
	一	伺う	11	0
	一	仰ぐ	5	0
小计			200	7
语法型自谦语	A	お（ご）～する	140	8
	A	お（ご）～申し上げる	24	2
	A	お（ご）～いただく	37	0
	B	～ていただく	113	16
小计			314	26

表 3 是对原创文本和翻译文本中动词自谦语使用情况的统计。由表 3 不难看出，不论是动词自谦语的使用数量，还是动词自谦语的使用形式，两类政治文本之间依然存在显著差异，而且这种差异和前文提及的动词尊敬语有异曲同工之处。

3. 政治文本中的动词郑重语

本部分探讨原创文本和翻译文本中的动词郑重语，分析时我们先简述动词郑重语的类型，然后结合统计阐明两类政治文本中动词郑重语的差异。

结合前人研究成果以及两类政治文本中的实际使用情况，我们将动词郑重语分为两大类。

第一类是特定动词构成的郑重语，我们将其命名为词汇型郑重语，如：

（36）人材成長の法則によって人材育成のメカニズムを改善し、「能く木の天に順いて、以て其の性を致すのみ。（樹木の天性を尊重してこそその潜在力を最大限に生かすことが可能になる）」、目前の功利を求め、功を焦って方法を誤ることを回避する必要がある。（『習近平国政運営を語る』第一巻）

（37）シンガポールの抜けるような青空から、リー元首相の言葉が聞こえてくるような気がいたしました。（2015 年 5 月 21 日，第 21 回国際交流会議「アジアの未来」晩餐会　安倍内閣総理大臣スピーチ）

（38）中国は引き続き国連の呼びかけに応えるだろう。中国には二億六千万人の在学生、千五百万人の教師がおり、教育の発展という任務は非常に重いものである。（『習近平国政運営を語る』第一巻）

（39）いま、世界でいちばん大きなエマージング・マーケットは、ミドル・アメリカなんだと言う人がおります。ダコタとか、カロライナのことです。（2013 年 2 月 22 日，安倍総理大臣の政策スピーチ）

（40）また、私には、この光り輝く国スリランカへの訪問に対して、もう一つの特別な思いがございます。（2014 年 9 月 7 日，日本スリランカ・ビジネス・フォーラムにおける安倍総理スピーチ）

第二类是由语法形式衍生而来的郑重语，我们将其命名为语法型郑重语，该类型具体又可细分为 A、B 两小类。

A 小类是动词连用形通过助词「て」和其他敬语形式构成的自谦语，如：

（41）労働者階級はわが国の指導階級であり、わが国の先進的な生産力と生産関係を<u>代表しており</u>、わが党の最も確固とした、最も信頼できる階級的基盤であり、また、小康社会を全面的に築き上げ、中国の特色ある社会主義を堅持し発展させる主力軍である。（『習近平国政運営を語る』第一巻）

（42）バングラデシュから日本への輸出はここ数年大幅に<u>伸びており</u>、2011 から 2012 年度のバングラデシュの対日輸出は前年度比で 38.3% 増え、特に衣料品は過去 5 年で 20 倍に増えました。（2014 年 9 月 6 日，日本バングラデシュ・ビジネス・フォーラムにおける安倍総理スピーチ）

（43）持続可能な社会保障制度を確立するために、自民、公明、民主の「三党合意」に基づき、社会保障・税一体改革を継続します。女性が活躍し、子どもを生み、育てやすい国づくりも、前に<u>進めてまいります</u>。（2013 年 1 月 1 日，安倍内閣総理大臣平成 25 年年頭所感）

B 小类是由汉语词或外来词词干后续其他敬语形式构成的郑重语，如：

（44）その合間に、新政権の挑戦課題「一億総活躍」の国民会議を<u>キックオフいたしました</u>。［2015 年 11 月 6 日，読売国際経済懇話会（YIES）講演会 2015　安倍総理スピーチ］

以上结合两类政治文本中的实例，简述了动词郑重语的类型。那么两类政治文本中的动词郑重语是否存在共性和差异呢？对此笔者进行了调查统计，如表 4 所示。

表4　原创文本和翻译文本中的动词郑重语

单位：例

敬语类型	下位类型	语言形式	原创文本	翻译文本
词汇型郑重语	—	いたす	50	1
	—	おる	4	4
	—	ござる	4	0
小计			58	5
语法型郑重语	A	～ておる	61	154
	A	～てまいる	158	0
	B	～いたす	2	0
小计			221	154

　　表4是对原创文本和翻译文本中动词郑重语使用情况的统计。观察表4不难看出，原创文本中动词郑重语整体的数量和形式多于翻译文本，依旧保持了和前述动词尊敬语、动词自谦语类似的差异特征。

　　饶有兴趣的是，在语法型郑重语「～ておる」的使用上，翻译文本多于原创文本。如表5所示，在翻译文本中有154例，在原创文本中有61例，前者是后者的两倍多。不仅如此，两类政治文本中的「～ておる」在句中的功能分布上也存在明显差异。

表5　原创文本和翻译文本中「～ておる」的功能分布

单位：例

句法功能	原创文本	翻译文本
结句功能	48	0
非结句功能	13	154

　　表5是对原创文本和翻译文本中「～ておる」在句中功能的统计，其中的结句功能是指（45）这种以「～ておる」形式来结束句子的用法，非结句功能是指（46）这种以「～ており」中顿的用法，或（47）这种「～ておる」用于从句的用法。如表5所示，原创文本中的「～ておる」的主流用法是用来结句，而翻译文本中则没有结句用法，两者呈现出相反的倾向。

　　（45）研究に命を捧げた野口英世博士にちなんだこの賞を通じ

て、アフリカの皆様に御恩返しができればと考えております。
(2013 年 6 月 1 日，第 2 回野口英世アフリカ賞授賞式における総理
式辞)

（46）中国は「アフリカ人材計画」の実施に力を入れており、
今後三年間でアフリカのために三万人に上るさまざまな人材を養成
し、一万八千人の留学生に奨学金を支給し、アフリカへの技術移転
と経験共有を推進する。(『習近平国政運営を語る』第一巻)

（47）いよいよ都議会議員選挙、そして参議院選挙を控えてお
りますので、本当にいい機会を迎えたと改めて感謝を申し上げたい
と思います。(2013 年 6 月 5 日，安倍総理「成長戦略第 3 弾スピー
チ」)

结　语

本文以日语原创政治文本和日语翻译政治文本为素材，结合敬语分类
和统计调查，探讨了两类政治文本间动词敬语使用上的差异。

考察发现：原创文本中的动词敬语总量和形式均多于翻译文本；原创
文本中的动词敬语以自谦语为主，翻译文本则以郑重语为主；在语法型郑
重语「～ておる」的使用上，翻译文本多于原创文本，其具体用法也更加
受限。

翻译文本中动词敬语的数量和形式较少的现象，可从汉日语言敬语
体系不对等及日语敬语习得困难等方面进行阐释。舆水①、佐治②、彭国
跃③等指出，现代汉语多通过敬称表示敬意，在动词层面并不存在体系性
表敬方式。这种体系性敬语的缺失，势必给汉语母语背景的日语使用者的
敬语习得和使用带来负面影响，前人的研究结果也支撑这一观点。Miyaoka
和 Tamaoka 对汉语母语背景的日语使用者进行调查后发现，受试者对敬语

---

① 参见舆水優：「中国語における敬語」.『岩波講座日本語 4 敬語』. 東京：岩波書店，1977 年。
② 参见佐治圭三：「中国人学習者の間違えやすい敬語表現」.『日本語学』1983 年第 1 期。
③ 参见彭国躍：「中国語に敬語が少ないのはなぜ？」.『言語』1999 年第 11 期。

语法的习得程度并不高①，乔晓筠的调查结果也显示，汉语母语背景的日语使用者倾向使用定型敬语，往往回避复杂的敬语语言形式②。

翻译文本的动词敬语以郑重语为主以及多用语法型郑重语「～ておる」的现象，可从源语语言风格介入这一角度进行阐释。本文考察使用的翻译文本所对应的源语文本虽多为讲话、谈话、演讲，但场合比较正式、严谨，具有明显的书面语特征。不难想象，日文译者会尽量选用贴近源语文本特点的语言形式进行翻译，而郑重语自然成为较为妥切的选择。

相较英语等学科的翻译研究而言，日语学界的翻译研究尚不繁盛，基于语料借助统计的量化分析尚不多见。本文也仅为政治文本日译语言特征的个案研究，受语料规模限制及研究工具所限，今后还需对文中所得结论进一步验证。

---

① 参见 Y. Miyaoka & K. Tamaoka, "Use of Japanese Honorific Expressions by Native Chinese Speakers," *Psychologia*, Vol. 44, Issue 3, 2001。

② 参见乔晓筠:「ビジネス場面に見るに見る敬意表現の使用傾向—日本語母語話者と台湾人日本語学習者の比較」.『日本語教育研究』2014 年第 5 期。

日本主流媒体中的反性骚扰新闻话语研究[*]

——以"#MeToo"运动为例

孙成志　张嘉钰^{**}

[摘　要]本文以"话语—认知—社会三角"为分析视角，融合社会行动者系统与话语空间模型，提出反性骚扰话语的研究框架，并以日本《每日新闻》中"#MeToo"运动相关报道为例进行分析。研究发现：海外"受害者"呈现奋起反抗的强者形象，而日本本土"受害者"多被表征为需要他人保护的"弱者"；海外"受害者"和"加害者"之间的冲突在语言形式上呈现得更为激烈。分析认为，反性骚扰运动的举步维艰与日本社会极不平等的"性别秩序"有关。

[关键词]"话语—认知—社会三角"理论　话语空间模型　社会行动者系统　#MeToo　性别秩序

一　研究背景

2017年10月，好莱坞女星艾莉莎·米兰诺（Alyssa Milano）在推特上呼吁性骚扰受害者挺身而出，以"#MeToo"（"我也是"）为标签讲述自己的受害经历。随后，"#MeToo"（反性骚扰）运动由女性个体受难的私人言说，经由社交媒体迅速扩散，席卷全球，演变成为史上最大规模的反性骚扰社会运动。日本"#MeToo"运动的代表性事件是，青年女记

---

　*　本文系国家社科基金"社会认知视角下日本媒体有关中国报道的批评话语分析研究"项目（项目号：19BYY215）的阶段性成果。

　**　孙成志：大连理工大学外国语学院副院长、教授，研究领域为日语语言学、语篇分析。
　　张嘉钰：大连理工大学外国语学院硕士研究生，研究领域为日语语言学、话语分析。

者伊藤诗织指控时任 TBS 公司华盛顿分社社长山口敬之性侵的事件。英国广播公司 BBC 将伊藤诗织视作日本反性骚扰运动的代表，并将其经历拍摄成纪录片《日本之耻》，在全球引起强烈反响。该案件经过四年的艰苦诉讼取得部分胜利，但在此期间伊藤诗织本人在社交媒体上受到了大量公开的羞辱。女性漫画家莲见都志子甚至将其形容为靠睡觉上位的心机女，告诫男性小心。反性骚扰运动在日本社会举步维艰，其背后的原因值得探讨。

批评话语分析（Critical Discourse Analysis，CDA）关注社会中的不平等、不公正现象，透过语言形式揭示隐藏于语言背后的意识形态和权力意义，并致力于改进这种不平等。近年来，批评话语研究展现出明显的"社会—认知转向"，[①] 将认知语言学的诸多理论和方法应用于话语研究。van Dijk 提出的社会认知视角下的批评话语研究（Socio-cognitive Discourse Studies），又称"话语—认知—社会三角"（Discourse-cognitive-society Triangle）理论，认为"话语和社会结构并非直接关联，而是以社会认知为媒介来连接话语与社会结构"[②]。越来越多的学者尝试使用批评隐喻分析、话语空间理论、概念整合理论等认知语言学的理论从事批评话语研究。[③] 然而，认知语言学相关理论在话语研究中的应用仍以个案分析的质性研究为主，缺乏历时维度下的量化研究。与此同时，上述话语研究理论与方法多扎根于以英语为主的西方话语体系，未能考虑到以日语、韩语为代表的东北亚话语体系下社会－政治－文化语境的异质性和特殊性。

话语是社会实践的重塑。[④] 为探究反性骚扰新闻话语的认知机制与社

---

① 张辉、杨艳琴：《批评认知语言学：理论基础与研究现状》.《外语教学》2019 年第 3 期。

② Teun A. van Dijk, *Discourse and Context：A Sociocognitive Approach*, Cambridge：Cambridge University Press, 2008, p. 23.

③ Paul Chilton, *Analysing Political Discourse：Theory and Practice*, London：Psychology Press, 2004, pp. 69 – 91；Piotr Cap, *The Language of Fear：Communicating Threat in Public Discourse*, Switzerland：Springer, 2016, pp. 67 – 80；张辉、颜冰：《政治冲突话语的批评认知语言学研究——基于叙利亚战争话语的个案研究》.《外语与外语教学》2019 年第 4 期；刘文宇、胡颖：《从情境到语境：特朗普政府〈贸易政策议程〉的批评认知分析》.《外国语文》2020 年第 1 期。

④ Teun A. van Dijk, "Multidisciplinary CDA：A Plea for Diversity," in R. Wodak & M. Meyer, eds., *Methods of Critical Discourse Analysis*, London：Sage Publications Ltd. , 2001.

会行动者建构间的互动关系，本文以"话语—认知—社会三角"为分析视角，融合认知语言学中的社会行动者系统（Social Semantic Inventory）与话语空间模型（Discourse Space Model），提出反性骚扰话语的研究框架，并以日本《每日新闻》中"#MeToo"运动相关报道为例，自建小型专题新闻语料库，分析反性骚扰新闻话语中"受害者"和"加害者"的社会行动者表征策略、认知机制，并从性别秩序（Gender Order）的视角探析其社会结构成因。

二　理论框架：社会行动者系统与话语空间模型的结合

社会行动者系统亦称社会语义清单，由 Theo van Leeuwen 提出并以清单中的选择项来表征社会行动者。① 社会行动者（social actors）是指文本中被描述为在做某事或被动做某事的参与者，是社会实践的行动主体，对社会行动者和其社会行为的表征可以反映话语主体对社会行动者的解读和态度。② 社会行动者系统可以从话语策略层面为批评话语研究提供有力的语言学支持。本文关注"#MeToo"运动的主要社会行动者，即性骚扰事件的"受害者"和"加害者"，探究这一对矛盾的社会行动者在报纸中是如何被表征并影响社会认知的。

Chilton 提出话语空间理论（Discourse Space Theory），主张人们在处理话语时会以自己为中心"定位"其他话语实体。③ 如图 1 所示，其可视化模型为话语空间模型，该模型由时间轴（Temporal Axis）、空间轴（Spatial Axis）与价值轴（Modal Axis）三条轴构成，三条轴的交界中心为指称中心（Deictic Center）。空间轴（s 轴）表示社会空间，即话语实体

---

① Theo van Leeuwen, "The Representation of Social Actors," in Carmen Rosa Caldas-Coulthard & Malcolm Coulthard, eds., *Texts and Practices: Readings in Critical Discourse Analysis*, London: Routledge, 1995.

② Erika Darics & Veronika Koller, "Social Actors 'to go': An Analytical Toolkit to Explore Agency in Business Discourse and Communication," *Business and Professional Communication Quarterly*, Vol. 82, Issue 2, 2019.

③ Paul Chilton, *Analysing Political Discourse: Theory and Practice*, London: Psychology Press, 2004, p. 57.

（参与者或对象）与读者的社会距离。时间轴（t 轴）从读者的角度以双向的方式表示时间，负半轴表示过去，正半轴表示将来，距指称中心的距离表示时间的长度。价值轴（m 轴）表示话语产生者对事件的评价、情感和态度，如话语的确定性和正义性等，距指称中心较近的为确定的、正确的实体，距指称中心较远的为非确定的、错误的实体。因此，指称中心代表话语生产者或读者在空间（Here）、时间（Now）与价值（Right）上的视角。

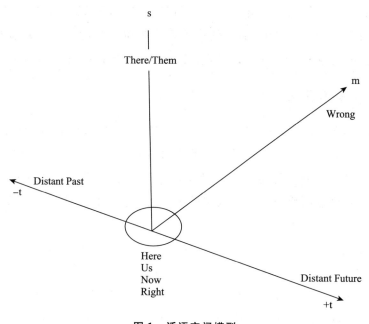

图 1　话语空间模型

　　社会行动者系统为区分同一事件及语料中的矛盾对立体提供了分析的切入点，而话语空间理论作为认知语言学理论的代表之一，凭借语言分析的模型化和可视化特征显著增强了认知语言学对批评话语研究结果的解释力，也有效提高了社会行动者系统分类界定的可操作性，为探究受众对反性骚扰新闻事件的社会行动主体，即"受害者"和"加害者"的认知距离提供了有效的语言学途径。

三　数据和分析流程

（一）数据来源和构成

本文借助日本三大全国性报纸之一的《每日新闻》在线数据库"每索"①，以"#MeToo"为关键词，收集日本"#MeToo"运动的代表性事件，即伊藤诗织事件始末的报道，以 2017 年 5 月 29 日至 2019 年 12 月 31 日期间新闻标题中包含"#MeToo"的相关报道为例，自建小型专题新闻语料库。删除重复性报道，共收集新闻语料 38 篇，合计 35769 字。

（二）研究步骤

本文基于 van Dijk 的"话语—认知—社会三角"理论，提出反性骚扰新闻话语的研究框架，围绕反性骚扰新闻话语中最主要的一对社会行为矛盾主体，从作为社会行动者的"受害者"和"加害者"的文本表征策略、不同社会行动者间话语空间的认知投射及其社会结构成因三个层面开展研究。具体研究步骤如下。

首先，社会行动者表征的话语层面，借助文本挖掘工具 KH Coder 3②，提取"#MeToo"运动报道中的所有"受害者"和"加害者"的指称信息，并根据 Theo van Leeuwen 对社会语义清单的界定和分类，将"受害者"和"加害者"的表征策略分为两类：以"福田淳一""伊藤詩織"等实名方式表征的"确定"（determination）表征策略，以及以"20 代の女性記者"（二十几岁的女记者）、"女優ら"（女演员们）等匿名方式表征的"非确定"（indetermination）表征策略。如（1）所示，本文依此对语料中所有"受害者"和"加害者"的指称方式进行了赋码、分类，以此探究报纸媒体对不同社会行动者的表征策略差异。

（1）これに怒った校長（加害者）（非确定）はマクヌンさん（受害

①　语料库网址：https://mainichi.jp/contents/edu/maisaku/。
②　日语语料库分析工具，https://khcoder.net/。

者）（确定）を解雇し、録音データを消去するなら再雇用すると迫っ
た。① （对此感到气愤的校长解雇了<u>马可努恩</u>，并威胁道如果马可努恩删除
录音，校长才可能考虑重新雇用他。）（笔者译，下同）

其次，不同社会行动者间话语空间的认知层面，参照 Chilton 的话语空
间模型，分析报纸媒体是如何从"时间""空间""价值"三个维度影响
受众对"受害者"和"加害者"以及"#MeToo"运动本身的认知的。

最后，社会结构成因层面，结合"#MeToo"运动在日本发展态势消极
的现状，从性别秩序的视角探析日本报纸媒体为何会对国内外的社会行动
者采用不同的指称策略和话语空间建构方式。

四　结果与讨论

分析发现，《每日新闻》"#MeToo"运动 38 篇新闻语料中，报道的焦
点多集中于以美国为代表的海外反性骚扰运动或事件上，合计 23 篇语料涉
及 13 个反性骚扰事件，其中有关美国的报道最多，高达 16 篇；相较而言，
围绕日本本土"#MeToo"运动发展状况的报道较少，仅有 15 篇，且多围
绕日本各界如何声援"#MeToo"运动展开的，涉及揭发性骚扰事件的报道
仅 4 篇。在此，我们尝试从"话语—认知—社会三角"维度对日本的"#
MeToo"运动展开分析。

（一）社会行动者表征策略分析

本文首先提取了包含所有社会行动者的小句，共 374 句，其中涉及各
类"受害者"的小句为 247 句（66.0%），包含各类"加害者"的小句为
127 句（34.0%）。其次，鉴于围绕日本国内、海外"#MeToo"运动的报
道的显著差异，本文在统计"确定"及"非确定"表征策略的基础上，又
将"受害者"和"加害者"按照事件发生的地点进行了分类统计（见表
1）。从涉及"受害者"和"加害者"的小句总数来看，日本媒体更加关
注"受害者"的社会行动，但因事件发生的地点不同而差异明显。

---

① 详见《每日新闻》2018 年 12 月 28 日。

表 1 "受害者"和"加害者"的表征策略统计

单位：句

		确定	非确定	χ^2	
受害者	日本国内	17 (4.5%)	81 (21.7%)	41.79**	247 (66.0%)
	海外	63 (16.8%)	86 (23.0%)	3.55	
加害者	日本国内	25 (6.7%)	12 (3.2%)	4.57*	127 (34.0%)
	海外	56 (15.0%)	34 (9.1%)	5.38*	
		161 (43.0%)	213 (57.0%)	7.23**	374 (100.0%)

注：$^*p < 0.05$；$^{**}p < 0.01$。

从统计学来看，日本媒体在表征日本国内与海外"受害者"时，表征策略差异明显。以"アリッサ・ミラノ"（艾莉莎・米兰诺）、"マクヌン"（马可努恩）等"确定"方式表征的海外"受害者"共计 13 人，并多与"摘発"（揭发）、"デモ"（游行）、"抗議"（抗议）、"実刑判決"（监狱服刑）等表征"受害者"积极抗争的词语搭配（MI3 > 5①）。以"はあちゅう"（春香）、"伊藤詩織"（伊藤诗织）等"确定"方式表征的日本国内"受害者"并不多见，仅有 4 人，这主要是因为新闻媒体为保护性骚扰事件中"受害者"的个人隐私，避免其受到"加害者"的报复以及来自网络言论的二次伤害，有意隐藏了受害者的个人信息。而绝大多数日本国内受害者多以"16 歳の少女"（16 岁的少女）、"約 60 人の女性"（大约 60 位女性）等"非确定"方式表征，如（2），其搭配强度较高（MI3 > 4）的词语包括"告発"（揭发）、"支援"（支援）、"遭う"（遭受）、"中傷"（中伤）、"弱い"（弱势的）等。由此可见，对美国等海外国家"#MeToo"运动开展状况的描述词语更为激进，"受害者"多被表征为面对性骚扰奋起抗争的强者形象，而日本"#MeToo"运动中勇于发声的"受害者"形象

---

① 此数值为表示节点词搭配强度的互信息值（Mutual Information）。在实际操作中，通常以 3 作为互信息值的临界值，即互信息值大于 3 的搭配词视作强搭配词（S. Hunston, *Corpora in Applied Linguistics*, Stuttgart：Ernst Klett Sprachen, 2002, p. 71）。

较为多元，像"伊藤詩織"等勇于直言的"强者"仅有4人，但更多的是在性骚扰或性侵事件中身心备受煎熬、无力反抗的"弱者"形象。

（2）東京都内の20代の女性は、自身が就職活動や仕事上で受けたセクハラを訴えた。①（东京都内20多岁的女性，控诉了自己在找工作以及工作时受到性骚扰的经历。）

另一方面，媒体在表征"加害者"时，日本国内和海外均多使用如"ワインスタイン"（韦恩斯坦）、"福田淳一"（福田淳一）等实名的"确定"的命名策略予以表征。新闻媒体以真实姓名报道个体"加害者"，在增加（反）性骚扰事件真实性和可信性的同时，也更易于在价值观层面引发读者的共鸣效应。尤其在描述日本国内"加害者"时，多以表征身份地位、阶层关系的名词，如"企業の幹部"（企业干部）、"財務事務次官"（财政省事务次官）、"岩泉町長"（岩泉町町长）等来修饰或指代加害者个体，共计23句，占日本国内"加害者"表征策略的62.2%。这说明，在（反）性骚扰新闻报道中，日本新闻媒体更加关注"受害者"和"加害者"之间的权力关系，将日本国内的"加害者"一般固化为拥有绝对权力和地位的男性，将"受害者"定义为弱势、需要保护的年轻女性。即使在反性骚扰新闻报道中，由性别和权力差异导致的社会结构群体冲突和不平等关系也以语言的形式被固化了下来，这也客观反映了由性别差异导致的社会支配倾向。这种基于性别差异的社会支配倾向反映了新闻媒体对性别公平和社会等级的态度。②譬如，《每日新闻》以"旁观者"的口吻描述日本国内"#MeToo"运动的发展，同情女性受害者维权的艰难和反抗的无力，但却仅限于社会现象的揭露，极少涉及企业或政府具体变革的举措，在反性骚扰问题上态度相对消极。

另外，区别于"受害者"的指称策略，新闻媒体在表征"加害者"时，极少使用"性的搾取者ら"（性剥削者们）这样的"非确定"方式表征，如（3），虽然这种抽象化的表征策略更易让读者感受到性骚扰问题的普遍性，获得对该社会不公平现象更多的关注。

（3）受賞理由は「衝撃的で影響の強いジャーナリズムにより、大物

---

① 详见《每日新闻》2017年12月28日。

② 王沛、吴薇、谈晨皓：《社会支配倾向研究的回顾与展望》.《心理科学》2017年第4期。

かつ裕福な性的搾取者らを暴き出し、長く抑えられてきた性的暴力の被害者への責任を追及した」と評価した。①（获奖理由是"通过具有冲击力和影响力的新闻报道，揭发了大人物和富裕阶层的性剥削者们，并追究了其长期被压抑的对性暴力受害者应负的责任"。）

　　本部分探讨了报纸媒体对"#MeToo"运动中"受害者"和"加害者"的表征策略，研究发现：媒体多以匿名、群体指称等"非确定"方式来表征日本本土"受害者"，以实名"确定"的方式来表征国内外"加害者"；媒体格外关注"受害者"和"加害者"之间的权力关系，"加害者"多以"确定"的命名策略被表征为拥有权力和地位的男性个体施暴者形象，而"受害者"的表征策略因（反）性骚扰发生地点的不同而差异明显，海外"受害者"多以勇于反抗性骚扰的"强者"形象出现，而日本"受害者"形象较为多元，虽有勇于直言的"强者"，但更多的是在性骚扰事件中备受煎熬、无力反抗的"弱者"；以《每日新闻》为代表的报纸媒体支持"#MeToo"运动的开展，但是在如何遏制日本社会内部性骚扰问题频发的具体举措上态度消极。

（二）话语空间模型分析

　　Chilton 认为，三大轴线系统构成了"作者眼中的基本现实"。② 本文中话语空间模型的空间、时间、价值视角分析的代表性语言学标识如表 2 所示。

表 2　话语空间的语言标识

分类		代表词
空间	受害者	伊藤詩織；20 代の女性；マクヌンさん；女優ら
	加害者	福田淳一；ワインスタイン；芸術界の大物；性の搾取者ら
时间	过去	した；ていた；てきた；てから；と（に）なった；始まった；去年；過去；以前
	现在	する；ている；まま；現在；今
	将来	する；べきだ；てほしい；たい；願う；今後

---

① 详见《每日新闻》2018 年 4 月 17 日。

② Paul Chilton, "The Conceptual Structure of Deontic Meaning: A Model Based on Geometrical Principles," *Language and Cognition*, Vol. 2, No. 2, 2010.

续表

分类		代表词
价值	确定	はあちゅう；アリッサ・ミラノ；福田淳一
	非确定	16歳の少女；告発した女性ら；有名男性俳優；性の搾取者ら

根据表2以及对"受害者"及"加害者"等社会行动者表征策略分析结果的投射，《每日新闻》关于"#MeToo"运动所构建的"现实"的话语空间模型分析如图2所示。话语空间模型中三条轴的原点，即指称中心代表"受害者"、"现在"、以"确定"方式表征的社会行动者。

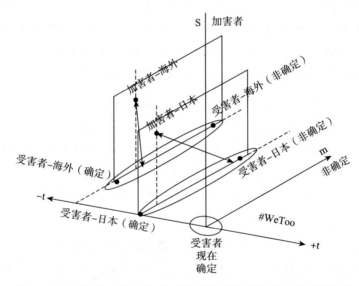

图2 《每日新闻》"#MeToo"运动新闻报道的话语空间模型分析

具体来说，时间轴即t轴代表"#MeToo"运动发展变化的时间，由于"#MeToo"运动兴起于海外，而后扩散到日本，相较日本本土，居于海外的"受害者"和"加害者"位于距离指称中心较远的位置，即t轴负半轴。而从2018年2月开始，全球范围内的"#MeToo"运动推动了日本本土化的"#WeToo Japan"运动，其最大特征是呼吁男性也加入反性骚扰运动，作为"#MeToo"运动的延伸，其位于t轴正半轴。

《每日新闻》支持"#MeToo"运动的开展，本文将"受害者"作为空间轴即s轴的原点，代表"我者"（us），与读者的心理距离最近，"加害者"则位于s轴的远端，以与读者的心理距离较远的"他者"（them）代表，二者之间的双向箭头代表"受害者"和"加害者"之间的矛盾与冲突。

从支持并声援个体"受害者"的视角出发，本文将伊藤春香、伊藤诗织等以"确定"方式表征的受害者个体视为价值轴（m 轴）的原点，而将以"非确定"方式表征的置于 m 轴的远端。在媒体所传递的（反）性骚扰信息中，日本本土"#MeToo"运动的相关报道更易引起读者的价值共鸣，与读者的心理距离更近，更贴近话语空间中价值轴的中心。经统计，日本国内"受害者"和"加害者"出现在同一小句中的例子仅有 11 例，占日本国内"受害者"和"加害者"小句总数的 8.1%，而在对海外"#MeToo"运动的相关报道中，作为矛盾对立体的二者同时出现在一个句法结构的小句数多达 72 例，占海外"受害者"和"加害者"小句总数的 30.1%。这说明，新闻语料中海外性骚扰事件中"受害者"和"加害者"之间的矛盾冲突更为激烈，而发生于日本本土的性骚扰事件中"受害者"和"加害者"之间的矛盾在句法结构上刻意被淡化了。下面将举例进行具体说明。

（4）#MeTooが始まったのは、昨秋、米ハリウッドの有力プロデューサー、ワインスタイン氏による女優たちへのセクハラ被害の発覚がきっかけだ。…（日本の）#MeTooも女性ブロガーのはあちゅうさんが昨年 12 月に訴え出たことで一時的に盛り上がりを見せたが、過去の発言が批判を浴び、その後は失速気味。海外のように企業にセクハラ対策を取らせる動きにはほど遠い。①［去年秋天美国好莱坞著名制片人韦恩斯坦性骚扰女演员们的事件被揭发，这是#MeToo 运动的开端。……去年 12 月女博主伊藤春香提出控告，（日本的）#MeToo 运动一时间气氛高涨，然而随后其过往言论遭受批评，#MeToo 运动也逐渐冷却。日本企业像海外一样采取性骚扰对策的举动也差得很远。]

例（4）中，时间维度上，"韦恩斯坦事件"与"伊藤春香事件"均发生在过去，且韦恩斯坦事件发生时间更早，位于 t 轴的远端。空间维度上，受害者"伊藤春香"和"女演员们"位于距离读者心理更近的"我者"位置，而加害者"韦恩斯坦"和"被控告人"则是位于空间轴即 s 轴远端的"他者"。价值维度上，以"确定"方式表征的社会行动者"伊藤

---

① 详见《每日新闻》2018 年 2 月 9 日。

春香""韦恩斯坦"与读者的心理距离更近；而以群体"非确定"方式表征的受害者"女演员们"以及未在小句中呈现的加害者"被控告人"则与读者心理距离更远。

由于"韦恩斯坦事件"中的受害者和加害者，即"韦恩斯坦"和"女演员们"出现在同一小句中，二者在话语空间上距离更近，所表征出来的矛盾和冲突更为明显；而在"伊藤春香事件"中，作为"被控告人"的加害者在小句中属于隐含信息，并未以具体的语言形式呈现，因此受害者与加害者个体间的矛盾与冲突相对淡化。

本部分将社会行动者系统与话语空间模型相结合，分析了反性骚扰新闻话语中社会行动者的认知机制与话语策略之间的互动关系。分析发现，报纸媒体通过指称策略以及句法结构的选择来控制话语空间的伸缩，塑造了不同社会行动者之间的认知距离，即海外"受害者"和"加害者"在话语空间上的距离较近，二者冲突更加激烈，而日本国内"受害者"和"加害者"在话语空间上的距离较远，二者冲突被淡化。然而，作为"#MeToo"运动的日本本土化版本，"#WeToo Japan"运动应运而生。在"#WeToo Japan"运动的新闻语料中，无论是日本本土还是海外的"受害者"和"加害者"都多以个体或群体的"确定"方式被表征，作为"我者"表现出来。

（三）社会结构分析

性别秩序是指被性别化的主体之间的相互行为存在规则和习惯的差异，其结果为男性与女性之间产生的"支配—被支配"的权力差距，即"性别支配",[①] 这里所说的"权力"并非妨碍社会行为的限制性力量，而是使社会行为成为可能的生产力。[②] 这种非对称的"性别支配"关系使得"男性"的社会行为更易得到"女性"的认可和接受，"女性"的社会行为更易受到"男性"的制约，即"男性"比"女性"更具有性别上的"权力"，这种权力表现在社会中的方方面面。本部分主要从社会文化环境、新闻出版行业以及伊藤诗织事件三个层面论述日本社会存在的"性别支配"对日本"#MeToo"运动产生的影响。

---

① 江原由美子：『ジェンダー秩序』. 東京：勁草書房，2001 年：第 4 頁。

② 上谷香陽：「性別概念と社会学的記述」.『文教大学国際学部紀要』2009 年第 1 号。

　　首先，从社会文化环境来看，根深蒂固的男尊女卑、性别歧视的文化是造成日本社会"性别支配"的原因之一。① 其中最明显的就是对女性的"隐忍教育"和"耻感文化"。内阁府男女共同参画局 2018 年发布的调查显示，在受到性侵犯却并未和他人倾诉的原因中，一半以上的女性选择了"感到羞耻，无法和别人倾诉"，近三成的女性选择了"如果自己忍耐的话，日子就能这样过下去"。② 另外，日本很多女性从小就被教育不能说"不"，要学会隐忍，女性表达自己的观点是"非女性化"的行为。正是由于这种"隐忍教育"，日本女性在面对性骚扰时产生了作为女性应该隐忍的想法。更有一些人认为，像伊藤诗织一样，公开自己受到性侵的经历是一种耻辱。正如美国人类学家鲁思·本尼迪克特在《菊与刀》中提到的，罪感文化社会的人们按照心中的绝对道德命令生活，一旦犯错，即使别人毫无察觉，也会痛苦自责，而处于日本这样"耻感文化"社会的人依照外人的观感和反应来行事，只有当被发现时才有羞耻感，失去外来强制力便要瞒天过海，这是缺乏自省力的文化。③ 这也是为何面临性骚扰困境的日本女性不在少数④，然而日本社会却对"性骚扰"问题讳莫如深。

　　其次，从新闻出版行业的角度来看，《全球新闻行业女性地位调查报告》显示，日本新闻从业人员中，女性从业者仅占 15%，其中从事编辑的男女比例是 7∶1。而在中级管理层中女性占 4.8%，高级管理层中占 1.4%。⑤ 由此可见，新闻界中男性拥有绝对的性别权力，这也是新闻界成为日本"#MeToo"运动爆发地的主要原因之一。话语权由男性把持，这使得女性声音过于微弱，处于"噤声"状态，在美国的"#MeToo"运动发生之前，日本国内几乎没有媒体愿意报道伊藤诗织事件，大多数性骚扰或

①　源淳子：「『男尊女卑』考」.『関西大学人権問題研究室紀要』2015 年第 70 卷。
②　内閣府男女共同参画局：『男女間における暴力に関する調査報告書』，2018 年，http://www. gender. go. jp/policy/no_violence/e-vaw/chousa/h11_top. html。
③　鲁思·本尼迪克特　著，廖源　译：《菊与刀》. 北京：中国社会出版社，2005 年：第 155～156 页。
④　#WeToo Japan：『公共空間におけるハラスメント行為の実態調査』，2018 年，https://we-too. jp/。
⑤　International Women's Media Foundation：Global Report on the Status of Women in the News Media，2011，https://www. iwmf. org/resources/global-report-on-the-status-of-women-in-the-news-media/。

性犯罪的"受害者"个体在面对新闻媒体时选择了沉默，即使是勇于控诉的"强者"，也很难从职场、媒体、政界得到所期待的理解和帮助，甚至还会受到来自周围及社交媒体的二次伤害。因此，新闻媒体出于对性骚扰事件中"受害者"的保护，避免其受到"加害者"的报复以及来自网络言论的二次伤害，有意隐藏了受害者的个人信息，更多使用"非确定"的方式表征日本国内"受害者"。

最后，从伊藤诗织事件的角度来看，为什么伊藤诗织事件能够在日本引起轩然大波呢？其一，伊藤长年在海外的求学经历使得她独立、自强，并且受到西方文化的影响，面对不公敢于抗争，面对性侵害选择了维权。此外，记者的职业经历也使她在司法维权之路上遇到障碍时懂得利用媒体的力量与性骚扰行为进行抗争。其二，伊藤事件的"加害者"身份也非常特殊，山口敬之曾任日本 TBS 公司华盛顿分社社长，也是前首相安倍晋三的御用记者，曾为安倍写过两本传记——《总理》和《暗斗》，其政治地位可见一斑，因而引发了巨大的关注。二者身份地位悬殊，这导致了"性别"和"权力"极度不均衡，可以说伊藤诗织事件是日本社会中难以复制的偶然事件，这也是"#MeToo"运动在日本逐步走向暗淡的原因。

在"#MeToo"运动难以发声的情况下，伊藤诗织和志同道合的朋友们从 2018 年底开始推动名为"#WeToo Japan"的运动，焦点不仅仅限于个体受害者的控诉，更以群体的力量来发声。其主要理念有三个：不做旁观者，无论怎样的骚扰和暴力都绝不容忍；支持一切面对性骚扰而发声的人；为了"将来"而努力。① "#WeToo Japan"运动呼吁消除任何骚扰，其最大特征是呼吁男性也加入反性骚扰运动，以更大范围的群体力量对抗日本社会"性别支配"的非对称性。

结　论

本文以批评话语分析的"话语—认知—社会三角"理论为基础，将社会行动者系统的可操作性与话语空间模型的可视化特征相结合，提出了反

---

① 情報産業労働組合連合会：「〈#MeToo〉から〈#WeToo〉へハラスメント のある社会の一員でいいですか？」，2018 年，http://ictj-report. joho. or. jp/201806/sp06. html。

性骚扰新闻话语的社会行动者分析框架，并以日本报纸中"#MeToo"运动新闻报道为例，讨论反性骚扰新闻事件中"受害者"和"加害者"这一对矛盾主体的社会行动者的表征策略、认知机制及其社会结构成因。

研究发现两点。（1）以《每日新闻》为代表的日本主流报纸媒体支持"#MeToo"运动的开展，但关注的焦点集中于海外，且对日本国内与海外"受害者"的表征策略差异明显，来自海外的"受害者"多以"确定"策略表征，建构奋起抗争的"强者"形象，而日本社会视域下的"受害者"虽形象多元，但在注重"加害者"权力、地位身份的语境下，多被表征为懦弱的、需要他人保护的"弱者"；"加害者"多以"确定"命名策略表征，统一呈现为位高权重的施暴者形象。（2）海外"#MeToo"运动中"受害者"和"加害者"之间的价值矛盾与冲突在语言形式上表现得更为激烈，而日本国内"受害者"和"加害者"这一对行为主体时常不在同一小句中出现，二者的时间、空间、价值三个维度的对立与矛盾刻意被淡化。分析认为，"#MeToo"运动在日本未能受到广泛关注与日本社会政治、经济领域内存在的极不平等的"性别秩序"息息相关。

论日语构词过程中回避超重音节的现象

薛晋阳[*]

[摘　要] 本文从音节量这一角度，研究日语构词过程中回避超重音节的现象。日语中的外来语有 80% 是从英语借入的。当英语的音节结构和日语的音节结构发生冲突的时候，是打破日语对于音节结构的要求，尽量做到还原英语本来的发音，还是为了符合日语对音节结构的要求而选择对英语的发音做一些改变，这一问题已成为当今音韵理论研究中的重要课题。另外，忠实性制约在制约排序中有所提高，这一趋势对有关汉语借入外来语的研究也有启示作用。

[关键词] 音节量　莫拉　外来语借入　忠实性

一　先行研究

本论文论述过程中涉及的先行研究，包括音节量的定义及其计算方法，以及日语在借入英语的过程中需要遵循的规律和法则。

（一）音节量

关于音节量的定义，本论文采用窪薗和太田的定义，音节量指音节结构中本身持有的重量或长度①。尾辅音和短元音分别为一莫拉，计一个单位；长元音和二重元音则分别为两莫拉，计两个单位。

在这里需要强调的是，头辅音在音节量的计算中是没有意义的。换句话说，无论单词中包含几个头辅音，其音节量的总值也不会发生改变。例

---

* 薛晋阳：山西大学外国语学院讲师，研究领域为音韵论、第二语言习得。

① 窪薗晴夫・太田聪：『音節構造とアクセント』. 東京：研究社，1998 年：第 56 页。

如：go〔gəʊ〕包含一个头辅音和两个短元音，为两莫拉，计两个单位；grow〔grəʊ〕，虽比 go〔grəʊ〕多了一个头辅音，但这并不影响其音节量的大小，仍为两莫拉，计两个单位。与此不同，globe〔gləʊb〕，包含两个短元音和一个尾辅音，两个短元音为两莫拉，一个尾辅音为一莫拉，共三莫拉，计三个单位。像这样，由三莫拉构成的音节，为超重音节。这样的超重音节，无论在哪一种语言体系下，都是音节的一种特殊存在形式，但在新词的构词过程中，经常避免出现超重音节。接下来，列举一些英语中回避超重音节的现象。

（二）英语中回避超重音节的现象

回顾语音的发展史，可以发现英文当中存在大量回避超重音节的现象。现在我们来讨论一下英语发音历史中的闭音节的短元音化现象（1）。这一变化的根本原因在于英语回避超重音节。

（1）闭音节的短元音化

	go	gone
14 世纪	go:	go: n
16 世纪	go:	gon

由此可见，在以辅音结束并带有强势的音节中，该音节中的长元音会变成短元音，我们把这一现象叫作闭音节的短元音化①。如（1）所示，14 世纪 CVVC 这样的音节结构，到了 16 世纪，已经变化为 CVC 的音节结构（其中，C＝辅音，V＝元音。下同）。

（三）英语的借入

江户时代后期，发生了日本史上著名的黑船事件，日本被迫打开国门，西洋文明开始涌入日本。与此同时，大量的外来词汇也开始进入日语词汇体系。日语中的外来语 80% 以上是从英语传入的，故本部分内容主要介绍日语在借入以英语为语源的外来语时，体现在音韵变化过程中的特点。

奈良时期的日语是完全由一莫拉构成的开音节（CV）语言，且不存在以辅音结尾的词语。例如，"手"（te）、"鼻"（hana）、"足"（ashi）等

---

① 窪薗晴夫：『語形成と音節構造』. 東京：くろしお出版，1995 年：第 208 頁。

词语都是开音节①。以闭音节（CVC）结尾的词语是借入我国的汉字后才开始出现的。但是，闭音节并不是在任何音韵环境下都可以自由出现的，其出现会受到非常强烈的制约。比如，在单词的中部位置，只允许促音（学校：gakko：画线部分为闭音节，下同）和拨音（本当：honto：）出现；而在单词的尾部位置，只允许拨音出现（科研：kaken）。除上述情况之外，在日语的音节结构中，无论在单词的何种位置，都不允许除促音、拨音以外的连续两个以上的辅音出现。

相反，英语中存在大量的闭音节词语，无论在词头、词中还是词尾，任何位置都允许三个辅音连续出现。当英语音节结构与日语音节结构发生冲突时，借入过程采用了何种策略，是打破日语本身对音节结构的要求，力求做到最大限度地还原英语的发音，还是为了迎合日语对音节结构的要求，对英语本来的发音做出相应改变，这一问题已经成为当今借用语音韵学研究中讨论的焦点。

二 借入音节量的过程

本部分从如何借入音节量这一角度入手，探讨将英语的超重音节借入日语的过程。本文将其主要方法根据是否对英语做出相应改变分为两类：一类是改变后借入，另一类是忠实借入。

（一）改变后借入

如前文所述，在奈良时期，日语还是单纯的开音节语言，即每一个音节都是由一个辅音和一个元音构成的单音节，例如：目（め、me）。随后，经过和语音变和汉语的借入，形成了长元音（R；2）、二重元音（J；3）这样允许元音连续的音节，以及促音（Q；4）、拨音（N；5）这样允许辅音连续或结尾的音节②。我们把以上四种音节结构叫作特殊莫拉。虽然现代日语允许特殊莫拉的存在，但实际上这四种特殊莫拉的存在感是很低的。窪薗调查的数据显示，包含特殊莫拉的词语，只占日语词汇量的1/5。③

---

① 窪薗晴夫：『語形成と音節構造』. 東京：くろしお出版，1995 年：第 230 頁。
② 小松英雄：『日本語の音韻（日本語の世界 7）』. 東京：中央公論社，1981 年：第 57 頁。
③ 窪薗晴夫：「幼児語の音節構造」.『言語』2006 年第 9 期：第 28—35 頁。

k 脱落　　　　　　　　a 与 u 融合

（2）ウ音便：ありがたく →→→→ ありがたう →→→→ありがとう

　　　　　　[a. ri. ga. ta. ku]　　　[a. ri. ga. t a. u]　　　[a. ri. ga. t oo]

　　　　　　　　k 脱落

（3）イ音便：かきて→→→→かいて

　　　　　　[ka. ki. te]　　　[kai. te]

　　　　　　　　u 脱落　　　　　　　调音点同化

（4）促音便：しゅつはつ→→→→しゅっはつ →→→→しゅっぱつ

　　　　　　[syu. tsu. ha. tsu]　　　[syu. ts. ha. tsu]　　　[syu p. patsu]

　　　　　　i 脱落调音点同化

（5）拨音便：よみて→→→→よんで

　　　　　　[yo. mi. te]　　　[yon. de]

如（2）所示，"ありがたく [a. ri. ga. ta. ku]"，经过辅音 [k]① 脱落后，[a] 与 [u] 就自然地连接在一起，形成ありがたう[a. ri. ga. ta. u] 这样的音节连续。然而，母音连续无论在哪一种语言体系下，都是有标记的（marked）音节结构，应当回避②。回避元音连续之后的结果是，[a] 与 [u] 融合，形成 [o]（[o] 与 [au] 在元音空间中的同一条直线上，故 [a] 与 [u] 融合后，必然会形成 [o]）；最后，由于受到代价延长作用③的影响，形成长元音 [oo]。

如（3）所示，"かきて（書きて）[ka. ki. te]"经过辅音 [k] 脱落后，[a] 与 [i] 自然连接在一起，形成 [kai. te] 这样的音节连续，从而产生了二重元音 [ai]。

如（4）所示，"しゅつはつ（出発）[syu. tsu. ha. tsu]"经过元音 [u]④ 脱落，[ts] 与 [h] 自然连接在一起，形成 [syu. ts. ha. tsu] 这样的音节连续，再经过调音点同化作用⑤，从而产生促音 [pp]，最终形成

---

① 笔者认为辅音 [k] 是软口盖音，其调音点的位置靠后，不易调音，故容易脱落。

② 窪薗晴夫・本間猛：『音節とモーラ』. 東京：研究社，2002 年：第 15 頁。

③ 窪薗晴夫：『日本語の音声』. 東京：岩波書店，1999 年：第 182 頁。

④ 笔者认为元音 [u] 是高元音，开口度小，响度低，作为元音的存在感很低，故易脱落。

⑤ 受后续辅音调音点影响，先行辅音调音点发生移动的现象。

［syup. pa. tsu］这样的输出形式。

如（5）所示，"よみて（読みて）［yo. mi. te］"经过元音［i］^①脱落后，［m］与［t］自然连接在一起，形成［yo. m. te］这样的音节连续，后经过另一种调音点同化作用^②，从而产生拨音［n］。

以上内容阐释了日文中长音、二重元音、促音以及拨音这四种特殊莫拉的形成过程。由此可见，日语这一语言体系对于音节结构的存在形式有很强烈的制约性，即可能存在的音节结构是有限的。在这样的背景下，类似英语这种允许大量元音、辅音连续和辅音结尾的语言，换句话说，允许大量超重音节存在的语言，在被借入日语的过程中，为了顺应日语对于音节结构的要求，必然会对自身的音节结构做出改变。观察日语中的从英语借入的外来语可以发现，经常使用的改变英语原有的音节结构的方法是：缩短鼻音前的长元音；促音的添加与回避；音节的再分化。下面将分别对这三种手法的运用进行详细论述。

1. 缩短鼻音前的长元音

这一现象与（1）中介绍的英语语音变化过程中出现的闭音节的长元音短化现象十分类似。从英语语音发展史中虽然观察到一些闭音节的长元音短化现象，但却不能简单地下结论说英语不允许闭音节中出现长元音。例如：range［reɪndʒ］中，［eɪ］是长元音，两莫拉，［ndʒ］是两个尾辅音，两莫拉；所以，range［reɪndʒ］是由四莫拉构成的超重音节词语。然而，日语不喜超重音节，故日语在借入 range［reɪndʒ］时选择消除长元音的后部要素，同时在辅音［dʒ］后插入元音［i］，进行音节再分化，使音节结构变为重音节和轻音节的连续（6）。（6）~（8）可以总结为鼻音前的长元音变短（Prenasal Vowel Shortening）。这一变化使得音节结构由"长元音/二重元音＋拨音"变为"短元音＋拨音"，消除了超重音节，三莫拉构成的超重音节变为两莫拉的重音节和一莫拉的轻音节。这一音韵变化可以用（9）表示（σ＝音节，μ＝莫拉，N＝拨音，Q＝促音。下同）。

（6）［eiN］→［eN］

レンジ（range），メンテナンス（maintenance）

---

① 笔者认为元音［i］易脱落的理由与元音［u］相同。
② 受先行辅音调音点影响，后续辅音调音点发生移动的现象。

（7）［auN］→ ［aN］

グ<u>ラ</u>ンド （g<u>rou</u>nd），ファンデーショ<u>ン</u> （f<u>oun</u>dation）

（8）［V：N］→ ［VN］

マ<u>シン</u> （mach<u>ine</u>），グ<u>リン</u> （g<u>reen</u>）

（9）

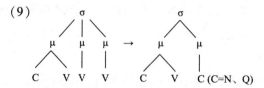

2. 促音的添加与回避

除消除长元音或二重元音的后部要素外，还可以通过再划分音节这一方法改变英语的音节结构，使之符合日语音节结构规则。英语在被借入日语的过程中，闭锁音和摩擦音时常会发生重辅音化现象，即在元音和辅音之间插入促音（10）。从音节量的视角来阐释这一现象，可以说包含元音的音节多了一个莫拉的重量。然而，重辅音化现象只发生在闭锁音或摩擦音在短元音之前时，当闭锁音或摩擦音在长元音之前（11），或者当元音所在音节以［n］结尾时（12），不发生重辅音化，即不产生促音。这是因为如果发生重辅音化，会产生三莫拉构成的超重音节，但由于日语不喜超重音节，才会出现回避促音的现象。

（10）カップ （cup）

（11）ヒート （heat） ＊ヒーット

（12）カン （can） ＊カッン

3. 音节的再分化

日语回避超重音节的特点还体现在音节的再分化上，例如 icecream 在日语中有アイスクリン和アイスクリーム两种形式。前者是古语形式，还残留在一些方言中，后者是现代日语东京话的形式。观察两者的区别可以发现：cream 可译成クリン或クリーム。拨音和长元音呈相补分布，二者不同时出现，即不产生アイスクリーン这样的结构。其中缘由从音节量的角度考虑非常明了。如果长元音和拨音同时出现，则会产生由三莫拉构成的超重音节，クリン是将拨音前的长元音缩短，クリーム是在音节末尾插入元音＜u＞，使 cream 的尾辅音独立出来，成为下一个音节的头辅音，与

插入元音组合在一起单独成为一个音节。这样，通过音节的再分化，将三莫拉音节分解成 2 + 1。这一音韵变化可以用（13）表示。在这里需要注意的是，现代日语中以［n］结尾的音节多以拨音的形式借入（14），以［m］结尾的音节多插入元音 < u >，以ム的形式借入（15）。

（13）

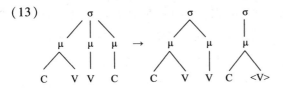

（14）ライ<u>ン</u>（line［laɪn］）

（15）ブー<u>ム</u>（boom［buːm］）

（二）忠实借入

由于英语教育的普及，人们呼吁学习者的发音要尽量忠实于英语发音，而这一呼吁的影响也体现在外来语的借入上。本部分主要讨论在借入英语的过程中，为了尽量忠实于英语原有的发音而产生的超重音节的现象。（16）~（20）都是长元音在鼻音前出现的词语，按照传统的借入方法，鼻音前的长元音应该变短。然而，相对于早期借入日语的词语（6）~（8），近年来借入到日语的词语（16）~（20）为了保留英语原本的音节结构，忽略日语不喜超重音节这一规则，在借入英语词语的过程中，即使是拨音前的长元音，也不发生长元音的短化现象，保留了长元音原有的长度。

（16）ローン（loan）

（17）コーン（corn）

（18）インターンシップ（internship）

（19）シーン（scene）

（20）ワイン（wine）

对英语的忠实借入，还体现在词尾元音［əu］的长短的借入上。词尾［əu］的长短的借入原本依靠词尾的拼写决定：当词尾的拼写是"ow"或"aw"时，［əu］以长元音的形式借入，例如ウインド<u>ー</u>（wind<u>ow</u>）；当词尾的拼写是"o"时，［əu］以短元音的形式借入，例如ポテ<u>ト</u>（potat<u>o</u>）。通过查阅《英语逆引辞典》（『英語逆引き辞典』），找出以［əu］结尾并借入日语的词语，共计 37 个。经整理发现［əu］的借入与拼写的关系，如表1所示。20个以"o"结尾的［əu］当中，有13个单词以短元音的形式借入；17个以"ow""aw"结尾的［əu］当中，全部以长元音的形式借入。笔者认为，位于词尾位置的元音音质不明了，很难依靠知觉信息判断其长短，故借入这样的词语时只能依靠视觉信息，即元音的拼写来判断其长短：当［əu］的拼写是一个字母时，［əu］是短元音，当［əu］的拼写是两个字母时，［əu］是长元音。① 然而，随着英语教育的普及，人们的英语水平也得到了提高。随着英语水平的提高，之前无法辨别的元音也可以辨别清楚了。所以，观察近年来借入日语的英语词语中词尾［əu］的借入可以发现，无论其拼写是一个字母还是两个字母，都以长元音的形式借入，例如バッファロー（buffalo）。综上所述，［əu］的长短的借入体现出在外来语借入的过程中，越来越忠实于英语原有发音，这与构词过程中忽略日语对音节结构的限制，保留英语原有的音节结构是一致的，都是忠实性原则得到重视的结果，也是英语教育水平提高的体现。

表 1　词尾［əu］的借入

单位：个

	1个字	2个字	合计
长元音	5（25%） プラボー（bravo）	17（100%） ストロー（straw）	22 （59.5%）
短元音	13（65%） ラジオ（radio）	0（0）	13 （35.1%）
其他	2（10%） プラトン（plato）	0（0）	2 （5.4%）
合计	20（54.1%）	17（45.9%）	37（100%）

由上述论述可知，回避超重音节这一制约体现在日语音韵体系的方方面面：(6)~(8) 为了避免三莫拉音节的出现减少一个莫拉；(11)(12) 为了达到同样的目的，阻止了外来语借入过程中促音的添加；(15) 没有减少莫拉数，而是通过增加音节数的方法达到回避超重音节出现这一目的。这一系列现象从表面分析好似没有任何关联，但只要假定制约 (21)，隐藏

---

① 薛晋阳：《日语中长母音的变化》. 上海：上海交通大学出版社，2017年：第141页。

在现象背后的原理便一目了然。

（21）

无论采用何种方法，都是为了回避三莫拉音节。这是由于三莫拉音节是有标记的音节，三莫拉音节的有标性不仅体现在外来语的借入上，还体现在日语星期和数字的发音、方言、婴儿用语等现象中。接下来通过论述上述语言现象来论述超重音节的有标性。

三　日语的音节偏好

在这里需要强调一点，古日语的音韵体系中只有轻音节，不存在重音节和超重音节，借入汉语、外来语后才有了出现重音节和超重音节的潜在可能。所以，通过分析现代日语的音韵结构可以得知日语偏好哪种音节结构，进而推理出日语不喜超重音节的原因。

（一）数字和星期的发音

日语中数字和星期的发音有以下特点：无论是数字的发音还是星期的发音，当其为一莫拉词语（CV）时，在音声层面词尾的元音会拖长变成重音节（CVV），如（22）（24）。① 这种延长词尾元音的语音现象只出现在一莫拉词语中，两莫拉词语则不会发生该现象，如（23）（25）。

（22）月火/getsu. ka/ ［getsu. ka：］

（23）水木/sui. moku. / ［sui. moku］

（24）2、4、5/ ni. si. go/ ［ni：. ʃi：. go：］

（25）1、3、6/ichi. san. roku/ ［itʃi. san. roku］

（二）关西方言

一莫拉词语词尾元音延长的现象在关西方言的一莫拉词语的发音中同样存在。延长词尾元音后，原有的轻音节（CV）则变成重音节（CVV），如（26），而两莫拉词语则不会发生词尾元音的延长，如（27）。

---

① Junko Itô, "Prosodic Minimality in Japanese," *Chicago Linguistic Society*, Vol. 26, No. 2, 1990, pp. 213–239.

（26）目／me／［me：］　　手／te／［te：］

（27）先／sa. ki／［sa. ki］　　＊［sa. ki：］

（三）婴儿用语

日语婴儿用语有以下特点（28）[1]。其中，婴儿用语多两音节的三莫拉或四莫拉词语，这意味着婴儿用语多包含重音节，如（29）。

（28）婴儿用语的结构特点

a 两音节词语居多。

b 三莫拉或四莫拉词语居多。

c 形式上多反复。

d 单词语调在语头。

（29）マーマ、ジージ、ブーブ、ダッコ、オンブ

由包含特殊莫拉的词语占日语词汇的 1/5[2] 这一数据可以推测出，日语词汇中包含重音节的词语大约占日语词汇的 25%。[3] 虽然 25% 这个数字不是很大，但是考虑到奈良时期古日语中不存在重音节而现代日语中允许词汇量的 25% 包含重音节，这个数字就值得重新思考了。

由于汉语的借入，日语产生了重音节，如（30），除此之外，日语发生一系列的音便［见（2）～（5）］，这也是产生重音节的一个重要原因。先行研究将日语中发生的音便分为四类，分别是ウ音便、イ音便、促音便和拨音便。从名称可以看出，先行研究只停留在莫拉层面，并没有找到四种音便的共同点。因此，本文引入音节量的概念重新进行分析，四种音便的共通性一目了然，即无论哪种音便，都是由轻音节向重音节转变的，其目的在于产生重音节，如（31）。

---

① 窪薗晴夫：「幼児語の音節構造」.『言語』2006 年第 9 期：第 28—35 頁。

② 窪薗晴夫：「日本語のモーラ：その役割と特性」.『日本語のモーラと音節構造に関する総合的研究（1）』（文部省科研費・重点領域研究「日本語音声」E10 班研究成果報告書）1992 年：第 48—61 頁。

③ 以三莫拉词语为例说明 25% 的计算方式。三莫拉词语包含的所有音节结构为 LLL、HL 和 LH，包含重音节的词语占 2/3，出现重音节的位置为 2/7，那么，三莫拉词语中理论上包含重音节词语的比例为：$2/3 \times 2/7 \times 1/5 = 4/105 \approx 0.038$。同理可以分别算出二、四、五、六莫拉词语理论上包含重音节的比例分别为：0.033、0.053、0.058、0.066。$0.038 + 0.033 + 0.053 + 0.058 + 0.066 = 0.248$，约等于 25%。当然，由于这一数据只是理论上的推算，必然与实际词语分布存在差距。

（30）源［gen］、愛［ai］、高［ko:］

（31）イ音便、ウ音便

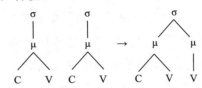

促音便、撥音便

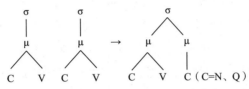

以上从共时、通时两方面分析了日语从轻音节向重音节转变的现象。如果重音节和超重音节是随机出现的，那么（21）～（28）的现代日语中的发音变化也好，（30）的音便现象也好，超重音节应该和重音节同比例出现。然而，无论是现代日语的构词过程，还是古日语的音便，都不容易出现超重音节。由此，我们可以大胆推测，相对于超重音节，重音节是无标记的音节结构。同样，相对于轻音节，重音节也是无标的音节结构。这是因为声音的变化总是由有标向无标转换的。然而，目前这一想法只停留在假说阶段，需要进一步验证。

四　结论和今后的课题

本文探讨了现代日语构词过程中回避超重音节的现象并分析了其生成原因。日语通过元音融合、阻止促音产生和再分化音节这些方法来达到回避超重音节的目的。其原因在于，无论从日语音韵变化史还是从现代日语共时性变化来看，超重音节都是一种有标记的音节结构，不易出现。而关于音节有标性的研究不仅需要统计世界各国语言中音节结构的分布，还需要调查婴儿习得音节的顺序和人类丧失语言时的丧失顺序。这一系列问题将作为今后的课题，期待进一步的研究。

另外，观察汉语借入的外来语可以发现，忠实性原则并没有被优先选择。例如 chocolate［tʃɔːklət］一词借入后汉语是巧克力。这是由于汉语对尾辅音有强烈制约，不允许［n］［ŋ］之外的尾辅音出现。相比于忠实地留下英文音节末尾的尾辅音，汉语选择了消去尾辅音使之符合汉语对音节结构的要求［（32），评价表 1］。然而，近年借入的外来语与上述情况有了明显的区别，即对于忠实性的重新选择，忠实性原则逐渐成为一个优先选择［（32），评价表 2］。例如畅销系列小说《哈利·波特》中，哈利·波特就读的魔法学校的创办者之一为 Godric Gryffindor，Godric 的汉语译名是戈德里克；这所魔法学校的英文名是 hogwarts，汉语译名是霍格沃茨。汉语不允许尾辅音位置出现［k］和［ts］，如果同 chocolate 使用同样的策略，应舍去尾辅音，这样的话，汉语译名分别是戈德里和霍格沃。然而汉语译名并没有采用消除尾辅音的策略，而是为了保留尾辅音，又添加了元音以保持汉语对音节结构的要求。从这一点来看，忠实性原则的优先地位得到了提高（评价表 1、2 中 Max 制约上升）。但是，例如"ipad"借入汉语时译为"挨派"（音译）而不是"挨派得"（音译，评价表 3），由此可见，忠实性原则优先地位的上升并没有体现在近年来借入的所有外来语中。因此，忠实性原则优先地位的上升究竟有多大的影响力是一个值得进一步研究的课题。

（32）NoCoda：音节不能以辅音结尾

　　Max：不能消除分节音

　　Dep：不能插入分节音

评价表 1　制约顺序：NoCoda >> Dep >> Max

Input		chocolate	NoCoda	Dep	Max
Output	→	巧克力			*
		巧克力特		* !	

评价表 2　制约顺序：NoCoda >> Max >> Dep

Input		Godric	NoCoda	Max	Dep
Output		戈德里		* !	
	→	戈德里克			*

评价表 3　制约顺序：NoCoda >> Dep >> Max

Input		ipad	NoCoda	Dep	Max
Output	→	挨派			*
		挨派得		* !	

汉学钩沉

汉学家中江丑吉的中国观察

何鹏举*

[摘　要] 作为长期旅居北京的日本汉学家，中江丑吉对中国古代政治思想有着深入而独到的研究。通过"亚细亚生产方式"理论，他确认了中国历史的"停滞性"，但他也发现在中国的传统思想中存在着以人为中心的思维方法。他一生都坚信"人性"的实现是历史前进的根本动力。在第二次世界大战期间，中江预言不符合"人性"的法西斯势力必将彻底失败。他认为中国能够通过革命性变革重返世界的中心，而日本要通过战败与彻底的改造获得重生。

[关键词] 中江丑吉　北京　古代中国　政治思想　人性

前　言

1939 年初秋，在古都北京（时称"北平"，为行文方便本文统称"北京"）的贡院西街东观音寺胡同东口的一座院落里，一位从 1914 年起就开始旅居北京，堪称"老北京"的日本汉学家——中江丑吉（1889～1942）在研读《资本论》第三卷时，于当年 9 月 6 日与 10 月 17 日两次在书的空白处写下了如此的笔记，"天诛奸人墨索里尼""希特勒拙劣至极，其末路恐不远"①。而在 1941 年的 4 月 19 日给其挚友铃江言一的信中，中江丑吉一面引用苏轼的诗句"梨花淡白柳深青"感叹节气的剧烈变化，一面告诉

＊　何鹏举：北京理工大学外国语学院副教授，研究领域为日本政治思想史。
① 中江丑吉：「断章日録」. 鈴江言一等編：『中江丑吉書簡集』. 東京：みすず書房，1975 年：第 404—405 頁。

铃江由于战争局势的影响，北京的物价飞涨，已经到了"一斤洋葱要一元四十钱，鸡蛋十二个要二元四十钱"的令人震惊的地步。① 在第二次世界大战期间，中江丑吉就这样留下了许多对战时局势观察的笔记或书信直到他罹患肺结核去世，其中的读书笔记主要关于康德的《三大批判》、黑格尔的《精神现象学》与马克思的《资本论》。然而作为日本明治时期民权运动领袖、思想家中江兆民的独子，中江丑吉留给后人的主要学术贡献集中在汉学领域，他对中国古代的政治思想，特别是围绕公羊学与《尚书》进行过独到的研究。只不过由于他不愿意在媒体前与学界中露面，生前只是将其部分作品私刊百册分发给亲友而已。这也是中江丑吉在很长一段时间内没能引起学界足够注意的原因。在国内学术界出现中江丑吉的名字还是在傅佛果写的传记《中江丑吉在中国》被翻译出版之后，不过至今成果仍然寥寥。而通过整理他的书单，可以确认中江丑吉的阅读面很广，特别是集中于前述德意志哲学与中国诸子百家的经典作品。② 可是，他为什么要持续二十余年研读这些经典呢？由于中江丑吉很少谈及现代中国的局势及走向，有研究认为，探究"中华帝国何以在近代衰落"是中江丑吉展开其汉学研究的主要问题意识。③ 这一论断虽然可以说明中江丑吉撰写部分汉学著作的动机，却无法解释他在二战期间暂停汉学写作而关注国际局势时为什么仍然坚持阅读中国的传统经典。他的阅读绝非单纯出于个人习惯或学术兴趣，在二战期间中江丑吉最关心的乃是世界会向何处去的问题，中江丑吉的汉学研究与他对中国、对世界的未来构想之间理应也存在某种本质关联。但长期以来学界对中江关于中国未来走向的思考缺乏应有的关注，通过对中国政治思想史的研究，通过对战时局势的观察，中江丑吉到底对近代中国的未来走向有何看法？本文试图从中江丑吉在北京的生活经历入手，回答"中国"在其思想世界中的意义。

---

① 铃江言一等编：『中江丑吉書簡集』，東京：みすず書房，1975 年：第 218 頁。中江丑吉在信中透露，当时洋葱正常价格是一斤二十五钱，鸡蛋一斤一元十五六钱，可见物价涨幅巨大。

② 阪谷芳直：「中江丑吉像の再現のために」.阪谷芳直：『中江丑吉という人』.東京：大和書房，1979 年：第 174—184 頁。

③ 邓伟权：《中江丑吉的中日关系论》.《中日关系史研究》2011 年第 2 期：第 68 頁。

一　旅居北京

1914 年 10 月应曹汝霖之邀，刚从东京帝国大学毕业不久的中江丑吉被聘为有贺长雄的秘书并赴华。之所以曹汝霖会与中江丑吉相识，是因为曹在 1900～1904 年留日期间曾受到中江一家的照顾，双方因而结缘，曹汝霖的邀请也是由于他曾受中江兆民夫人的嘱托要他帮忙照顾丑吉。但中江丑吉很显然并不愿意从事这项工作，在聘期一年届满时便返回了东京。后来因为婚事未能得到其姐的同意无奈又在 1915 年末返回北京。

就中江丑吉个人而言，在 1919 年后由于受到了曹汝霖的长期资助，他得以在东观音寺胡同曹的别宅里定居并开始了其汉学研究。五四运动的巨大冲击，促使中江丑吉从中国传统思想中寻找思考中国未来走向的密码，为此他过上了一种大隐隐于市的生活，陪伴他的除用人以外就是浩如烟海的历史文献以及一只名为"黄"的爱犬。对于一位异国的居民，北京带给中江丑吉最为直接的感受首先就是北京的气候，居住多年之后，中江在 1941 年 4 月向他的另一位忘年交阪谷芳直介绍北京的气候时做出了如下描述：

> 桃花虽比往日早开了四五日，但之后阳气不顺，一直都是荒天。不知是谁所言，北京确实像"女人"而不像"男人"，由于不远处存在沙漠，一到阳气变换时节，天气就会变得我们这些岛国长大的人无法想象的凄凉。比起男人的愤怒，女人生起气来，平时她越温和，生气时就越会变得如夜叉一样令人退却。[①]

可以想象，中江丑吉一定在北京遭遇了多次发生在春季的沙尘天气，这对于他而言确实不能称得上是愉快的经历。不过古都的风貌没有令中江吝惜他的赞美，他非常喜欢北京的洋槐。中江认为洋槐比起国槐或松柏更能给北京的装扮带来令人愉悦的感觉，有了洋槐的点缀古都北京一年四季

---

① 　鈴江言一等編：『中江丑吉書簡集』. 東京：みすず書房，1975 年：第 370 頁。

虽各有特色但总保持一种柔媚幽婉的趣致，就像一位擅长"化妆"的"熟女"。① 中江丑吉一直在用心体味他在北京的生活，从中也可以看出，他不仅拥有高度抽象的理性思维，还具有丰富情趣的感性认知，这也是他虽然隐居北京却交际广泛的原因。在读书写作之余，中江经常去中央公园（今中山公园）散步，还非常喜欢到那里的"长美轩"茶社喝茶，龙井是他的最爱。不过由于抗日战争的持续，在日军控制之下的北京城内普通百姓的生活日益艰难，物价高涨，甚至出现了乞丐夜间饿死在中江居所门口的事情。② 中江丑吉在给其挚友也是其弟子的铃江言一———一位积极投身中国革命的日籍中共党员③——的信中透露，"茶叶的价格高得惊人，龙井最便宜的一斤也要四元几十钱，也不怪中央公园那些茶馆的茶都变差了。香片是北方人的专爱，一直不贵，现在价格也是高涨，听说会算计的支那人便用晒干的枣叶代替"④。在中江丑吉给友人的书信中多处都提到了北京粮食匮乏、物资短缺，甚至冬天生煤都出现困难的情景，其背景就是日军为了维持战争对华北沦陷区展开的疯狂的经济掠夺。

关于这座古都的未来，中江丑吉坚持了其一贯的对历史终将前进的信念。1939 年 8 月一次去前门外名为"厚德福"的豫菜馆吃饭时，人们惊奇地发现餐桌上的许多"老规矩"都不见了，而中江对此却不以为然：

> 支那通们一张口就是对旧风丧失的感叹，虽不无道理，但我还是认为即便北京退却其全部旧套，如果这是不可避免的话，我也一点不会产生支那通们的伤感。比起因覆辙流泪，车轮前进的方向反而在生活上会引起我的关注。当然，公平地讲，车轮不仅没有前进，老北京的"老废性"在其前进的行程中愈加沉渣泛起。暴风骤雨一过，老北京会需要补充多少荷尔蒙来治疗其老化呀。虽是杞人忧天，但想到此才真是令人嗟叹。⑤

---

① 鈴江言一等編：『中江丑吉書簡集』.東京：みすず書房，1975 年：第 371 頁。
② 鈴江言一等編：『中江丑吉書簡集』.東京：みすず書房，1975 年：第 180 頁。
③ 参见蒋立峰：《铃江言一与中国革命》.《日本学刊》1993 年第 3 期。
④ 鈴江言一等編：『中江丑吉書簡集』.東京：みすず書房，1975 年：第 190 頁。
⑤ 鈴江言一等編：『中江丑吉書簡集』.東京：みすず書房，1950 年：第 143 頁。

在中江丑吉的眼里无法适应时代变革的"老北京"是没有前途的，他所生活了二十余年的这座古都需要一次"脱胎换骨"的重生。从他对北京的态度中我们也可以确认，虽然阅读的是传统经典，研究的是汉学，但中江绝不是一个死守传统不变的"遗老"，也不是一个不识时务的复古家，他之所以要研究古代中国，是为了看清未来。

二　求道古典

中江丑吉曾经直言，自己研究中国古代政治思想是"自己生活意识的一种表示"①，他还说做学问的人不是机会主义者，不是投机商，也不是"科学之心"的持有者，而是"一个真挚真铭的求道者也，……是一个对无论在何种乱世也绝不会灭绝的人性即真理的赤心敬虔的信仰者也"②。那么，中江丑吉的古代中国研究到底表达了他怎样的生活意识，他又从中求得了什么样的道，是否找到了他所追求的真理即人性呢？

与普遍观点认为的夏商时代不同，中江认为到了周代中国开始从"邑土联合团体"转变为"封建式天下国家"，③ 这种变化是中国古代政治思想发源、形成的重要条件。而中江丑吉的研究就是要在中国古代政治思想史中挖掘出能够将各古书中的政治思想统一、联系起来的"根本观念"。④ 他通过研读最终找到了非常重要的两点。第一是宇宙观，"无论经学还是非经学，都以太一或太始为本，以阴阳为对极，在其之上建立天地、四时、万物的顺正和合的本体"，中江指出在这种宇宙观的统摄下，中国政治思想的内容里存在"乐天的享福主义"，具有依靠自然、崇敬自然的农业民族的特征。⑤ 第二是宗教观，为了过上现世的幸福生活，人们敬畏自然、

---

① 中江丑吉：「商書般庚篇に就いて」．中江丑吉：『中国古代政治思想』．東京：岩波書店，1950 年：第 284 頁。

② 鈴江言一等編：『中江丑吉書簡集』．東京：みすず書房，1950 年：第 379 頁。

③ 中江丑吉：「中国古代政治思想史」．中江丑吉：『中国古代政治思想』．東京：岩波書店，1950 年：第 6 頁。

④ 中江丑吉：「中国古代政治思想史」．中江丑吉：『中国古代政治思想』．東京：岩波書店，1950 年：第 45 頁。

⑤ 中江丑吉：「中国古代政治思想史」．中江丑吉：『中国古代政治思想』．東京：岩波書店，1950 年：第 69—70 頁。

亲近自然，宗教观体现了中国思想的一大特质，那就是"人中心主义"或"人至上主义"。因此，中国的宗教观是利己的，与神之间的关系又多少带有契约性。① 一生追求人性的解放、主张人性的实现的中江丑吉，在中国古代政治思想史中发现了关注"人"的思想源头。然而这并不意味着中江认为中国古代政治思想中对"人"的关注直接等同于他所强调的"人性"（humanity），在他的著作与笔记中一直使用日语片假名"ヒューマニティー"来表达这一概念，这实际上也表明中江丑吉承认这一概念是从近代西方传来而非土生土长的。因为在中江看来，中国传统思想对"人"的关注是出于功利性的，没有承认其价值，他特别反对将中西的一些理念牵强附会地加以比较联系，他明确地认识到在中国传统思想中不包含"人人具有平等价值的意识"，而这一点恰恰是近代欧洲自然法学派许多学说的前提。② 最为重要的是，中江认为在古代中国虽然产生了"天下并非天子或王者私有物"的"天下观"，天子的重要任务被认为是"敬天与保民"，如《尚书·泰誓》中有"天视自我民视，天听自我民听"的名句，但却缺乏"人民主权"的理念，因而"民权"的概念一直缺失。③ 中江丑吉敏锐地指出，无论与古希腊的城邦民主还是与近代西方的宪政民主相比，由于古代中国缺乏"主权在民"的观念，传统中国的民意表达呈现出没有"具抗争力的团体"与缺乏"独立的意识"两大特征。④ 最终，所谓"天命"与"民意"的表达只能依靠武力形式，中江对此感叹说：

> 永久和平是贯穿古今不同种族人类生活的自然渴望，这种渴望到何时才能得到满足呢。古来有许多学者认为从禅让到放伐的变化是王者仁德下降的表现，对此鄙人无须赘言。因为只要认识到，这一看上

---

① 中江丑吉：「中国古代政治思想史」. 中江丑吉：『中国古代政治思想』. 東京：岩波書店，1950 年：第 92 頁。

② 中江丑吉：「中国古代政治思想史」. 中江丑吉：『中国古代政治思想』. 東京：岩波書店，1950 年：第 42 頁。

③ 中江丑吉：「中国古代政治思想史」. 中江丑吉：『中国古代政治思想』. 東京：岩波書店，1950 年：第 176 頁。

④ 中江丑吉：「中国古代政治思想史」. 中江丑吉：『中国古代政治思想』. 東京：岩波書店，1950 年：第 185—186 頁。

去单纯的尚古思想里，包含了脱离丑恶现实、迎接理想的光明界的人类自然心情就足够了。①

而放伐革命所带来的效果就是，"在社会组织的构成上，虽然可以横向上给统治阶级内部带来变化，但却不会从纵向上给被统治阶级带来任何影响"②。中江丑吉在这里从阶级的角度论证了古代中国的"停滞性"，他认为之所以中国没有像欧洲和日本那样成功发展资本主义，是因为在古代中国不存在欧洲、日本那样的"封建社会"。③ 为此，他借用了马克思的"亚细亚生产方式"理论，认为自秦以后中国的"亚细亚式经济社会"便走上正轨而再未出现变化。④ 一般认为，马克思从"亚细亚生产方式"入手，总结所谓东方社会主要具有三大特征："一是作为社会基本单元的'农村公社'，二是经济所有制方面的'土地国有'，三是政治制度上的'东方专制主义'。"⑤ 而中江丑吉指出中国的所谓"停滞性"就体现在其"经济社会的构成永远是亚细亚式的"，政治上也无法想象出现"国王对贵族的斗争这一近代国家化的初期运动"。⑥ 很显然，中江丑吉在论证古代中国的"停滞性"时参考了马克思的观点，但由于中江对中国传统文献有着深入的考究，他的理论建构并没有止步于"亚细亚生产方式"，他还为中国特殊的"亚细亚式经济社会"找到了其意识形态根源——他从"公羊学"中发现的"经学天子观"。中江认为这是中国社会各种意识形态的源头：

此天子观超越了王者个人的自然存在与任意性，只要亚细亚式经

---

① 中江丑吉：「中国古代政治思想史」. 中江丑吉：『中国古代政治思想』. 東京：岩波書店，1950 年：第 191 頁。
② 中江丑吉：「中国古代政治思想史」. 中江丑吉：『中国古代政治思想』. 東京：岩波書店，1950 年：第 202 頁。
③ 中江丑吉：「中国の封建制度に就いて」. 中江丑吉：『中国古代政治思想』. 東京：岩波書店，1950 年：第 235 頁。
④ 中江丑吉：「中国の封建制度に就いて」. 中江丑吉：『中国古代政治思想』. 東京：岩波書店，1950 年：第 249 頁。
⑤ 王向远：《马克思"亚细亚生产方式"理论纵横建构论析》.《东方丛刊》2019 年第 1 期：第 22 頁。
⑥ 中江丑吉：「中国の封建制度に就いて」. 中江丑吉：『中国古代政治思想』. 東京：岩波書店，1950 年：第 280—281 頁。

济社会的根本结构没有得到扬弃，其政治形体的大国家体未曾变革，就会持续其规范作用。换句话说，此观念与对中国社会具有最终决定力的最深奥的根本矛盾互为表里。①

"经学天子观"在政治上具体表现为"王道主义"，中江丑吉为此总结了七条内容：第一，圣王主义；第二，规整人伦；第三，崇礼思想；第四，非战主义；第五，养民主义；第六，正名主义；第七，崇贤思想。②而古代中国社会的"停滞性"也体现在前述"王道主义"思想体系的长久不变上。

> 亚细亚式经济社会作为其统治意识形态的本质发生条件，超越了汉代经学者的意识范围，只要亚细亚式经济社会没有发生本质变化，一个王朝的更替就不成为问题。虽然经学运动是为了汉代社会而兴起的，但只要其坐上了统治意识形态的宝座，无论之后有多少王朝更替，经学依然岿然不动，作为支那社会唯一的统治意识形态，君临从哲学、政治、伦理、法律、文学、美术到自然科学等的领域。也无论多么野蛮彪悍而无知的入侵民族，为了保护他们依靠暴力获得的地位，都不得不将经学定为国学，除此以外别无他法。……然而近代资本主义一经侵入……仅百年不到便破坏了亚细亚式经济社会的"根本组织"，经学那不变不动的状态也发生了根本动摇，因而出现了本质性变化，这就是中国人口中的"斯文扫地"的圣学状态。③

总之，在中江丑吉的眼中"公羊学的推移绝非单一经学的推移，其本

---

① 中江丑吉：「公羊伝及び公羊学に就いて」. 中江丑吉：『中国古代政治思想』. 東京：岩波書店，1950 年：第 331 頁。
② 中江丑吉：「公羊伝及び公羊学に就いて」. 中江丑吉：『中国古代政治思想』. 東京：岩波書店，1950 年：第 372—382 頁。
③ 中江丑吉：「公羊伝及び公羊学に就いて」. 中江丑吉：『中国古代政治思想』. 東京：岩波書店，1950 年：第 411—412 頁。

身就是中国基础社会的推移"①。正是在这个意义上，中江才批评清末康有为的"经学革命"，认为康的主张对于"公羊学自身的发展没有任何贡献，仅仅是何休公羊学的复活而已"，他还深刻地指出，如果想得到革命学说的实质发展，"就必须出现列宁主义与马克思主义间那样的关系"才行。②这是一段对于研究中江丑吉的中国观十分重要但却没有得到学界应有重视的文字，中江本人没有对此做出进一步阐释，然而通过本文的前述分析，我们可以通过一些线索找到理解它的答案。这句话实际上体现了中江对现代中国变革趋势的洞见。首先，列宁主义对马克思主义的贡献之一就在于列宁缔造了无产阶级的革命政党，创立了无产阶级革命学说，领导实现了无产阶级革命，走了一条"先夺权后创造条件"的革命道路。③ 因而中江丑吉所言列宁主义与马克思主义间的关系，在这里可以理解为革命组织、革命实践与革命理想之间的关系。其次，如前述中江丑吉多次表示古代中国的所谓"革命"，由于被统治阶级缺乏理论与组织，最终沦为统治阶级内部暴力夺权的循环。所以，我们有理由相信，中江丑吉举列宁主义与马克思主义的例子，是在表明他认为近代中国的真正革命应当是由被统治阶级通过独立的理论与组织来展开的，唯有如此才是对"天下乃天下人之天下"的"天下观"理想的革命实践。最后，中江丑吉并非一位马克思主义者，但他曾经多次表示最为赞同马克思对人的"异化问题"的关注，认为马克思的思想就是"对人的异化的扬弃，是实现人性的人类主义"④。中江用马列主义来谈中国革命学说的发展，实际上还是在表达他的价值立场，那就是他在中国的传统思想中发现了出于功利目的而关注"人"的思维，而他对中国的期待则是中国思想能够通过革命学说的发展实现对"人"从基于功利角度进化到基于价值角度的关注，出现从价值上尊重"人"、肯

① 中江丑吉：「公羊伝及び公羊学に就いて」．中江丑吉：『中国古代政治思想』．東京：岩波書店，1950 年：第 445 頁。

② 中江丑吉：「公羊伝及び公羊学に就いて」．中江丑吉：『中国古代政治思想』．東京：岩波書店，1950 年：第 421 頁。

③ 安启念：《列宁对马克思的继承与发展：关于列宁主义的再认识》．《教学与研究》2013年第 3 期：第 25 頁。

④ 阪谷芳直：「老北京の面影」．阪谷芳直等編：『中江丑吉の人間像』．名古屋：風媒社，1970 年：第 233 頁。

定"人"的革命性变化。本文在此的分析，绝非对中江丑吉中国观的过度
解读，因为他对中国的期待与其对世界历史进程的看法是一致的。

三　洞穿历史

根据前述中江丑吉对世界永久和平的渴望、对中国历史"停滞性"的
认识以及对"亚细亚生产方式"理论的运用，我们可以清晰地确认康德、
黑格尔与马克思在中江丑吉思想中的烙印。实际上中江对于世界历史的看
法同样也受到了前述德意志历史哲学的影响，他曾感慨"人类从狂妄自大
中解脱出来，正确把握现实社会及其行进过程、把握变革的根本动机，认
识到历史就是以人类生活发展之力编织的无法回避的因果律的产物，也不
过是近百年来的事"①。对此，竹内好曾经评价，中江丑吉思想的内核"恐
怕是黑格尔＝马克思式的世界史理念，所以他从不怀疑理性的普遍存在。
虽说如此，他既不是一个黑格尔主义者也不是马克思主义者"②。而中江所
找到的历史发展的因果律就是前文多次提到的"人性"，他认为人性即真
理，做学问就是要搞清楚"人类在一贯不绝的人性之名义下，为了什么，
自有史以来到现在持续了近一万年的生活，还坚持绵绵不绝的人性，并要
进一步发展它"③。中江丑吉研究古代中国从根本上讲就是为了弄明白这个
问题，他持续关注第二次世界大战的进程，也是为了确认他对人类历史的
信念。他在 1939 年再次阅读《资本论》时便记录道："New Order in East
越来越走不通，国内的产业问题、由外国贸易导致的商品问题、食物不足
引起的配给问题等，与对外关系的问题、支那内部物资缺乏的问题交织在
一起，为此民众在哭嚎：要处理中国事变问题必先要停战。"④ 中江坚信历
史是站在民众一边的，法西斯必将失败，纳粹没有前途，他也在与友人的

① 中江丑吉：「公羊伝及び公羊学に就いて」. 中江丑吉：『中国古代政治思想』. 東京：岩波
書店，1950 年：第 391 頁。
② 竹内好：「『中国古代政治思想史』——真理追求の人間の情熱」. 阪谷芳直等編：『中江
丑吉の人間像』. 名古屋：風媒社，1970 年：第 320 頁。
③ 鈴江言一等編：『中江丑吉書簡集』. 東京：みすず書房，1975 年：第 379 頁。
④ 中江丑吉：「断章日録」. 鈴江言一等編：『中江丑吉書簡集』. 東京：みすず書房，1975
年：第 405 頁。

谈话中多次表达了自己的观点。1941 年有一次当中江对年轻的阪谷芳直说"邪不胜正，德国必败"时，阪谷表示不以为然，中江则反问他"那你觉得轴心国获胜，纳粹德国、日本那样的体制覆盖全世界时，人类的生活还有存在理由吗？你愿意在那种体制下生活吗？"阪谷听了也不得不回答"否"。中江见状接着分析道：

> 对吧。人类理性思维无法忍受的事情是不会获胜的。要是那样的话，人类历史就没有意义了。所以日本也是一样。你是不是觉得我只是一个战败主义者？按照现在的方向，如果日本取胜的话，军部的傲慢与官僚的独断会冲破了天，到时便绝对无法期待民族健全明朗的成长。所以，与其抱着病根不健全地膨胀，倒不如失败后从根本上彻底整改民族的性格。[1]

可以说，中江丑吉对战争走向的判断与对人类历史进程的洞穿是互为表里的，而他对日本前途的预测与其说是出于对军国主义的痛恨不如说是出于对其祖国和民族真挚的爱。并且中江希望日本能够认清"四亿万人与近一亿人隔水生存的事实是任何力量也不能抹杀的"，他承认"目前一时的状况确实令人悲观，但从大局讲却丝毫没必要悲观"，他只是期待着两国关系"早日重回大道之日"。[2] 我们有理由相信，中江所言的"大道"一定是中日两国共同构建"永久和平"的双边关系与"尊重人性"的发展模式的道路。因为这不仅是中江对中日两国的期待，也是他对二战后世界发展趋势的判断。

在 1941 年 8 月 15 日阪谷芳直即将离开北京返回日本之时，中江丑吉再次对阪谷吐露了他对世界局势的看法，他认为担负起实现人性重任的显然是民主国家而非轴心国，因此纳粹德国必败，"日本也挑起了大战……日本会陷入有史以来最为艰难的谷底。我想到那时以笔报国。当然，德国、日本也并非什么都不是，都是'反命题'，都体现了一种'虚无'，而

---

① 阪谷芳直：「老北京の面影」. 阪谷芳直等編：『中江丑吉の人間像』. 名古屋：風媒社，1970 年：第 216 頁。

② 鈴江言一等編：『中江丑吉書簡集』. 東京：みすず書房，1975 年：第 348 頁。

战后的新秩序也不会是以前原封不动的民主，一定是经过扬弃的新民主"①。有研究认为，中江此处所言的"新民主"体现了"扬弃自由民主体制中资产阶级性格与局限，建设勤劳民众的社会与民主主义普遍实现"的时代课题。② 由于中江丑吉留下的文本有限，本文在此无法对前述研究结论是否合理做出评价，但可以肯定的是，中江所言的"新民主"一定是更加符合"人性"的自我实现的民主形式，是保障"人性"免于法西斯暴力与资本扭曲的民主。不仅如此，这种"新民主"的实现过程，还同样是全球范围内人类历史的书写过程。

> 历史是人类的历史，其创造与转换永远是人类对其历史的创造与转换。地球各处都有人类生活，当一个地域的生活状态不断影响其他所有地域的生活而产生互为因果的关系时——这次世界大战之后，为了治愈恢复有史以来前所未有的战后状态，必定要实现某种合作，这绝非遥远的空想时代——以前所讲的那些"英国史""意大利亚史"，必定会附着上新的含义。③

遗憾的是，中江丑吉没能亲眼看到二战后的世界，他的预言也不能算是准确，因为在二战之后出现的是"冷战"的两极格局，但他的判断也不能说是错误的，因为在冷战结束后人类真的迎来了史上未有的全球化时代。只不过，对于目前的全球化是否符合"人性"的自我实现而言，还存在令人无法消解的疑虑。但中江丑吉却不是一个悲观主义者，他对历史前进的方向深信不疑，包括他对中国未来的看法也没有如傅佛果所言，因其对"亚细亚式社会"的研究而"变得更加悲观起来"④。中江丑吉在和友人的谈话中，多次提到过"在 20 世纪后半叶中国将成为世界的中心"，当

---

① 阪谷芳直：「老北京の面影」. 阪谷芳直等編：『中江丑吉の人間像』. 名古屋：風媒社，1970 年：第 219—220 頁。

② 鈴木正：「個のなかの普遍者——中江丑吉論」. 阪谷芳直等編：『中江丑吉の人間像』. 名古屋：風媒社，1970 年：第 373 頁。

③ 鈴江言一等編：『中江丑吉書簡集』. 東京：みすず書房，1975 年：第 384 頁。

④ 傅佛果 著，邓伟权、石井知章 译：《中江丑吉在中国》. 北京：商务印书馆，2011 年：第 151 頁。

然中江所指的中国是当时蒋介石政府领导下的国共合作的中国。[①] 他对中国的这种期待绝非凭空想象，而是有现实生活的细节作为基础的，之所以中江能发现这个基础就是因为他站在其独特的"人性"视角上。在被问道如何看待蒋介石政府推行的"新生活运动"时，中江表示："那新生活运动的一个结果是，中国的新生代不再有走路抽烟、随地吐痰的行为了。这在中国可以说是革命性的变化。"[②] 如果我们能够承认包括风俗习惯在内的文化变革要比制度变革难得多这一历史经验的话，就会认识到中江在此绝非小题大做，他经过多年在北京的生活发现了一种可能性，一种在中国新一代青年人身上的创造新生活的可能性，正是这种包含了"人的变革"的可能性是中江丑吉对中国在世界历史中位置判断的最根本的基础。

虽然中江丑吉一直在研读《资本论》，但他似乎并没有准确认识到中共的历史地位，中江只是认为国民政府能够容忍并利用中共在对日抗战中的作用。[③] 很显然，中江认为中共要想生存下去只能在国民政府的允许范围之内活动，因为二者在理念上存在根本的对立。在如何看待中共的问题上可以说非常典型地体现出了中江丑吉学问与思想的一大特色，那就是彻底的"书斋式"。他不是一位革命者，因此不会像铃江言一那样对中国革命的前途充满信心，中江只是一个"读书人"。但即便作为"读书人"，中江与当时另外一位日本的著名中国研究者橘朴（1881~1945）也形成了鲜明对比。两人早年在北京虽有过交往，但中江丑吉因其"书斋式"而一贯保持学术与思想的纯洁性，他对"人性"的追求从未中断，而橘朴则把对中国的研究融入对中国社会深入的调查之中，不过后来却出现"转向"，参与了伪满的建设。[④] 但也正是因为橘朴对中国社会有着更为深入的理解，他才能认识到中共领导抗战的革命意义，在日本战败后他也才能大胆预言

① 阪谷芳直：「中江丑吉像の再現のために」. 阪谷芳直：『中江丑吉という人』. 東京：大和書房，1979 年：第 157 頁。
② 阪谷芳直：「老北京の面影」. 阪谷芳直等編：『中江丑吉の人間像』. 名古屋：風媒社，1970 年：第 249 頁。
③ 阪谷芳直：「中江丑吉の中国認識」.『中国研究月報』1997 年第 11 期：第 36 頁。
④ 关于橘朴的中国论，请参见何鹏举：《王道政治如何成为可能？——橘朴的王道论与近代中国的重构》.《史林》2018 年第 2 期。

中共将统一中国。① 当然，能否准确预测历史进程与预言者的思想价值并不具有必然联系，本文在此通过比较只是想确认中江丑吉思想活动的一大特色，即前述的"书斋式"。他的学问与观点都是在北京的四合院里产生的，中江没有到中国的其他地方进行过考察——如果他调查过华北地区的小农经济，就会发现其形态与所谓"亚细亚生产方式"之间存在的张力——他的知识结构与信息来源主要依靠其手头的文献与当时的报刊，这必然会给他的中国认识带来一定的局限。但也正因为如此，他才得以保持了其思想的纯洁性，实现了其思想与主张的高度自洽，所以他对那些在狱中宣布"转向"的日共党员给予了严厉的批判："在牢房里转向的佐野学那些人，说是共产党的领导，根本没有认真学习过《资本论》，……都没有通读过《资本论》就谈什么马克思主义，这绝不是马克思主义者的正确态度。"② 可以说，正是"书斋式"的北京生活保证了中江丑吉的学问与思想的操守。

结语　尊重人性的理想秩序

在 20 世纪 20～40 年代初，在北京东观音寺胡同的一座院落里，中江丑吉，一位来自日本的汉学家一边埋头于中国古典文献的考据分析，一边思考着人类历史的进程与人性的自我实现。他始终相信尊重人性、追求人类的解放是人类历史得以延续的根本动力。在中国古代的政治思想中，中江发现了"人至上主义"的思维方法，虽然他清楚这并不直接等同于尊重"人性"的理念，但这又何尝不是"人性"这一历史动力在中国古代思想中的表现形式呢。可以说，对中国古代政治思想的研究，非但没有削弱中江对"人性"的信赖，反而让他更加坚信无论古今东西"人性"都在以不同的方式推动着历史的前进。沿着中江丑吉的思想理路，要打破"亚细亚生产方式"对中国历史的禁锢作用，就不能只依赖资本主义带来的生产力变革，还必须发生从对"人"的功利性承认到价值性承认的思想革命与社

①　山本紀綱：「橘さんの最期」. 山本秀夫編：『甦る橘樸』. 東京：龍渓書舎, 1981 年：第 214—215 頁。
②　阪谷芳直：「老北京の面影」. 阪谷芳直等編：『中江丑吉の人間像』. 名古屋：風媒社, 1970 年：第 277 頁。

会革命，为此被统治阶级就必须要有属于自己的独立的理论与组织。这可以说是中江丑吉通过其汉学研究为现实中国的变革找到的根本出路。

在北京的经历，让中江丑吉体会到了战争给普通人生活带来的巨大创伤，因而他对世界和平的渴望也与日俱增，与此成正比的是，他对法西斯的憎恶也日愈加深。他相信与"人性"实现的历史进程相悖的任何体制或力量都将彻底失败，他也期待着一个不受暴力与资本扭曲的新型民主与新型全球化的理想秩序。而在这新秩序形成的过程中，逐步实现"人性"革命的中国——作为世界上人口最多的国家——将重回历史舞台的中心。这就是中江丑吉对人类历史的未来构想，也是他将中国古典文献与德意志哲学作为其毕生钻研对象的根本原因与理论结晶。很显然，中江丑吉是一位新政道的追寻者，他虽然研究古代中国，却没有维护旧政道的秩序，而是为中国提供了通往实现人性的变革道路的思想指南。

日本藩校对孔子祭祀的接受与流变

苏　鹰　陈博恺*

[摘　要]　孔子祭祀于隋唐时期通过文化交流传入日本，在千百年后的江户时代被日本各地藩校接受并发生流变。本文通过相关历史资料对孔子祭祀在日本江户藩校内的开展状况进行分析，在已有研究成果的基础上，进一步发现：在孔子谥号使用、孔像形式选择、从祀阵容取舍等方面，藩校尽可能沿用了平安旧制，用以维持传统文化内核；而合祭日本神明、调整简化释奠礼等做法，则是祭祀制度因时制宜的具体表现。

[关键词]　孔子祭祀　藩校　官学　主祀　从祀

引　言

孔子祭祀具备教育性、政治性、思想性，是宣扬孔儒文化的重要渠道之一，因而自古以来备受重视。贞观四年（630）唐太宗李世民下令要求各地州县学校建立孔子庙，"庙学合一"自此成为常态。自唐朝官方对孔子祭祀仪注进行规范后，后世在沿袭该制度过程中不断对其完善。以中国与周边邻国的文化交流为契机，祭孔文化伴随儒学传播流传至朝鲜、日本等地，在被逐渐接受的过程中，也与本土文化融合产生了流变。日本江户时代幕府将朱子学作为官学，重孔兴儒的时代背景使孔子祭祀得以在日本全国的藩校中普及，通过梳理《日本教育史资料》等相关史料，我们发现

---

*　苏鹰：湖南大学外国语学院教授，研究领域为日本近世教育、日语语言学。陈博恺：湖南大学外国语学院硕士研究生，湖南省长沙市望城区第一中学教师，研究领域为日本近世教育。

在有记载的 294 所藩校中有 176 所（59.9%）祭祀孔子。本文通过对比中国官学与日本藩校的孔子祭祀，探明两国在孔子谥号使用，孔像形式选择，从祀阵容取舍，释奠礼日期、流程、供物等方面的异同点，进而揭示近世日本在中国传统文化的接受与流变上所表现出的特点。

一　正祀的谥号及形式

贞观二年（628），大臣房玄龄、朱子奢二人向唐太宗谏言，"臣以周公尼父，俱称圣人。庠序置奠，本缘夫子，故晋宋梁陈及隋大业故事，皆以孔子为先圣，颜回为先师，历代所行，古今通允。伏请停祭周公，升夫子为先圣，以颜回配享"①，显庆二年（657）太尉长孙无忌等人向唐高宗提议将孔子作为释奠礼中的"先圣"，自此孔子的地位由"先师"转变为"先圣"，成为国学祭祀中的独尊。此后主祀孔子虽已为定制，但后朝各代孔子谥号及孔像形式却多有变动。在日本江户时代，因德川幕府统治者对各地藩校的孔子祭祀没有进行制度上的规定，藩校孔子谥号及孔像形式也各有不同。

1. 孔子谥号的使用

中国历代尊奉孔子的态度，在很大程度上表现在各朝各代对其谥号的使用上。孔子最早获得的官方称呼是在其死后哀公诔辞中的"尼父"，但这是不是谥号，各朝各代史学家见解不一。一般认为西汉元始元年（公元1）平帝刘衍追谥孔子为"褒成宣尼公"，这是孔子最早获得的正式谥号。北魏太和十六年（492），孔子被定谥为"文圣尼父"，并于唐朝贞观十一年（637）、开元二十七年（739）被接连追谥为"宣父""文宣王"。宋真宗大中祥符元年（1008），孔子虽被加谥为"玄圣文宣王"，但于四年之后为避国讳，改谥为"至圣文宣王"。元武宗至大元年（1308），更是加"大成"二字为"大成至圣文宣王"。其后明世宗时，因认为不合礼制而剥夺孔子的"王"衔，最终于嘉靖九年（1530）改称"至圣先师"。从谥号由"尼父"向"文宣王"再向"大成至圣文宣王"的转变过程可见，历代君

---

① 详见吴玉贵：《唐书辑校·卷三》. 北京：中华书局，2008 年。

王均十分敬重孔子，整体上孔子的地位呈上升趋势。

通过对《日本教育史资料》（『日本教育史资料』）相关内容的梳理统计，我们发现在祭祀孔子的176所藩校中，绝大多数在记录其祭祀仪式时直接将孔子记载为"孔子""孔夫子"或尊称为"先圣""圣人"，未出现祭祀时所使用的谥号。而在谥号可考证的藩校中，使用"文宣王"这一谥号进行祭祀的藩校有10所，具体见表1。

表1　藩校孔子谥号使用（1）

序号	建立时间	藩名	校名	祭仪部分的相关记载
1	宽永十三年（1636）	盛冈藩	作人馆	作人館構内二神廟ヲ設立シ大已貴命文宣王ヲ合祭ス…①
2	天明五年（1785）	大沟藩	修身堂	毎年一月九日文宣王及従祀諸賢ノ影像ヲ書院ノ壁二揚ケ…②
3	文化二年（1805）	松山藩	明教馆	講堂正面二文宣王ノ書像ヲ懸ケ…③
4	文化十二年（1815）	鲭江藩	进德馆	文宣王書像ヲ進德館二祭リ…④
5	文化十三年（1816）	菰野藩	修文馆	文学講堂ノ中央二於テ文宣王及ヒ…⑤
6	文化年间（1804~1818）	山口藩	明伦堂	文宣王ヲ孔子ノ神ト唱ヘ享祀シ…⑥
7	天保八年（1837）	田中藩	日知馆	学校ノ奥隅二假廟ヲ設ケ文宣王ノ聖像ヲ安置シ…⑦
8	嘉永五年（1852）	泉藩	汲深馆	藩主臨館文宣王ヲ祭ル…⑧
9	元治元年（1864）	佐野藩	观光馆	二月八月上ノ丁日ヲ以テ文宣王ヲ釈奠ス…⑨
10	明治二年（1869）	麻生藩	精义馆	假リテ文宣王書像ノ軸ヲ…⑩

注：①译文：于作人馆馆内设立神庙合祭大已贵命和文宣王……
②译文：每年一月九日悬挂文宣王及从祀诸贤的肖像于书院内墙上……
③译文：讲堂正面悬挂文宣王的画像……
④译文：祭祀文宣王画像于进德馆内……
⑤译文：于文学讲堂中央安置文宣王及……
⑥译文：将文宣王称为神明孔子进行享祀……
⑦译文：在学校内的一角设立临时的圣庙并安置文宣王的圣像……
⑧译文：藩主到馆内祭祀文宣王……
⑨译文：于二月八日上丁日释奠文宣王……
⑩译文：临时将文宣王的画像……
资料来源：由笔者根据《日本教育史资料》所载资料整理，译文均由笔者所译。

这类藩校的建校时间横跨整个江户时代，地区上遍布整个日本，因而可推测"文宣王"这一谥号的使用并无明显的地域特征。此外，有个别藩校（3 所）以"至圣先师""大成至圣先师""大成至圣文宣王"等称呼进行祭祀，具体情况见表 2。

表 2　藩校孔子谥号使用（2）

序号	建立时间	藩名	校名	祭仪部分的相关记载
1	元禄年间（1688~1704）	广岛藩	修道馆	聖位ハ<u>至聖先師</u>孔子ノ八字ヲ書ス…①
2	宽政八年（1796）	中津藩	进修馆	<u>大成至聖先師孔夫子</u>之杏壇恭惟…②
3	天保十五年（1844）	大野藩	明伦堂	敢昭告于<u>大成至聖文宣王</u>之靈…③

注：①译文：圣位上写着至圣先师孔子……
　　②译文：恭惟大成至圣先师孔夫子的学说……
　　③译文：冒昧昭告大成至圣文宣王之灵……
　　资料来源：由笔者根据《日本教育史资料》所载资料整理，译文均由笔者所译。

可见，相对于"至圣先师""大成至圣先师""大成至圣文宣王"等宋朝之后产生的谥号，出现于唐代的"文宣王"，被更多的藩校所接受，并用以记录孔子祭祀。孔祥林曾指出，由于在江户时代幕府没有对藩校孔子祭祀方面做出任何规定，祭孔时所使用的谥号往往由各地大名、儒者等人的喜好决定。① 这一说法有一定的道理，但我们通过对相关资料的分析，认为谥号的使用很可能与日本接受孔子祭祀的过程相关。隋唐时期，两国间文化交流活动日益兴盛，儒学典籍东渡，儒学文化大量进入日本宫廷，文武天皇于大宝元年（701）二月丁巳释奠孔子于大学寮内，此举为日本官方孔子祭祀的发端。当时的律令规定"释奠于先圣孔宣父"②。神护景云二年（768），遣唐归国的大学寮助教膳大丘向朝廷谏言："臣前如唐，闻先圣之遗风，览胶庠之余烈，国子监有两门，题曰闻宣王庙，有国子学生程贤，语臣曰：'今主上大崇儒范，追尊为王，凤德之征，于今至矣。'皇朝准旧典，犹称前号，诚恐乖崇德之情，失致敬之礼，大丘庸暗，闻斯行诸，敢陈管见，以请明断。"③ 称德天皇于是采纳其建议将孔子谥号由"孔宣父"改为"文宣王"，此后直到江户初期未见改谥的相关记录。因此多数藩校以"文宣王"为谥号，很可能是由沿用平安旧制所致的。江户时代

———————————

① 孔祥林等：《世界孔子庙研究》下册. 北京：中央编译出版社，2011 年：第 835 页。
② 清原夏野：『令義解』. 東京：吉川弘文館，1959 年：第 129 頁。
③ 详见德川光圀：『大日本史』第 116 卷. 水户藩编纂本，1906 年：「膳大丘」条。

幕府建立汤岛圣堂前后，日本本土儒者对中国礼制的发展史进行过大量考究，汤岛圣堂内奉祀圣贤的称号也因此多有变动，而"至圣先师""大成至圣先师""大成至圣文宣王"等宋朝之后产生的孔子谥号很可能是在此过程中传入日本的。尽管如此，"至圣先师""大成至圣先师""大成至圣文宣王"谥号与早已被广泛使用的"文宣王"谥号依然存在较大差距。

2. 孔像形式的选择

作为儒家之祖，孔子的形象一直备受关注。因还原孔子生前相貌已不可能，设像而祭便成为一般规定。关于祭孔时的孔像形式，在中国经历了由画像向雕像再进而向木主神位发展的过程。以画像祭祀孔子，大致从汉代开始。记录汉桓帝永寿年间鲁相韩勑造孔庙一事的碑文曾记载"改画圣象如古图"①，可见当时已有以画像致祭的情况。孔庙祭祀是何时从画像过渡到雕像的，目前尚无定论，但由描述晋惠帝元康三年（293）在太学中所举行释奠礼的设祭场景"乃扫坛为殿，悬幕为宫。夫子位于西序，颜回侍于北墉"② 可知，此时祭祀孔子已开始使用雕像。但无论是画像还是雕像，都存在与真人无法完全匹配的问题，因而多遭人诟病。宋儒程颐认为"大凡影不可用祭，若用影祭，须无一毫差方可，若多一茎须，便是别人"③，朱熹认为"夫子像设置于椅上，已不是，又复置在台座上，到春秋释奠却乃陈簠簋笾豆于地，是甚义理？某几番说要塑宣圣坐于地上，如设席模样，祭时却自席地。此有甚不可处？"④ 从这样的评价皆可看出其对孔像选择的不满。明嘉靖九年（1530），为解决上述问题，孔庙雕像多被毁，改设木主神位。自此，以木主神位祭祀成为定制，虽仍有混用画像、雕像的情况，但自此木主神位已成主流。

在日本江户时代，在祭仪部分记录孔子祭祀的 176 所藩校，从孔像形式可分为以下三类。

---

① 详见黄以周撰，王文锦点校：《礼书通故·第三十二学校礼通故·二》. 北京：中华书局，2007 年。

② 详见房玄龄等撰，中华书局编辑部点校：《晋书·卷五十五列传第二十五·潘岳·潘尼》. 北京：中华书局，1974 年。

③ 程颢、程颐著，王孝鱼点校：《二程集·遗书卷第二十二上·伊川先生语八上·伊川杂录》. 北京：中华书局，2004 年。

④ 黎靖德编，王星贤点校：《朱子语类·卷第九十·礼七·祭》. 北京：中华书局，1986 年。

第一类，通过记录可直接判断孔像具体形式的藩校。如犬山藩敬道馆"祭祀圣像及四配的神位"①（笔者译，后文同，必要时保留日文原文），可知其以木主神位的形式进行祭祀；又如加贺藩明伦堂"建立圣庙并安置铜像"②，可知该校祭祀用的孔像为铜像。由此类记录可知，江户藩校中至少存在以画像、雕像、木主神位等多种形式的孔子祭祀。

第二类，通过记录能够间接判断孔像具体形式的藩校。虽然此类藩校的记录中同样只是以"圣像""孔子"等词描述孔像，但是能够结合记录中所使用的动词判断孔像的具体形式，如芝村藩迁超馆「校内書院二於テ聖像ヲ揭ケ」③，虽然单独从「聖像」一词无从判断其形式，但结合动词「揭ケ」可知其是以悬挂的方式设置圣像的，这当为画像。而严原藩思文馆「臺ヲ設ケ其上二聖像ヲ鎮座シ」④，由「其上二」「鎮座シ」可见，孔像应为可以立起的雕像或木主神位。

第三类，通过记录无法判断其孔像具体形式的藩校。这类藩校在记录其祭孔过程时，是以"将酒馔供于圣像""祭祀孔子"等进行简单记录的，因而无法辨别孔像具体形式。

按照上述分类，我们对 176 所藩校进行了统计，所得结果如表 3 所示。

表 3　藩校祭祀孔像形式

单位：所

	孔像形式	藩校数
孔像形式明确说明 （49）	画像	36
	雕像（金属、木制等）	9
	木主神位	4

---

① 详见日本文部省编：『日本教育史資料集（1—9）』．東京：富山房，1903—1904 年：第 141 頁。

② 详见日本文部省编：『日本教育史資料集（1—9）』．東京：富山房，1903—1904 年：第 208 頁。

③ 详见日本文部省编：『日本教育史資料集（1—9）』．東京：富山房，1903—1904 年：第 28 頁。

④ 详见日本文部省编：『日本教育史資料集（1—9）』．東京：富山房，1903—1904 年：第 296 頁。

续表

	孔像形式	藩校数
孔像形式可以推测（31）	画像	18
	雕像或木主神位	13
孔像形式无法判断		96
藩校总数		176

资料来源：由笔者根据《日本教育史资料》所载资料绘制。

由此可知，在已知进行孔子祭祀的藩校中，虽有半数以上无法通过记录判断孔像的具体形式，但在明确说明孔像形式的 49 所藩校中，以画像祭祀的藩校占了近 3/4，而以木主神位祭祀的仅有 4 所。此外，《世界孔子庙研究》通过实地访问的方式发现，官方祭孔地汤岛圣堂从建立之初便是以雕像、画像及木主神位三者混用的形式进行祭祀的，而在各地藩校或地方圣堂内也有同时具备多种祭祀形式的情况，如福山藩诚之馆具备孔子画像与雕像，长崎圣堂同时以雕像和木主神位进行祭祀。[①] 尽管如此，这类藩校仍为少数，多数藩校仅以一种形式进行祭祀。

各藩之所以在孔像选择上具有如此鲜明的倾向，其一，与孔子祭祀传入日本的时代相关。换言之，隋唐以画像或雕像祭孔的规制对江户时代藩校的孔子祭祀产生了一定的影响。其二，正如日本学者真壁仁曾指出的，由于长久盛行的佛教文化的影响，日本民众普遍认为无论是画像、雕像还是铸像，都有神灵寄宿于其中，因而在祭祀孔子时，更倾向于选择孔子的画像或雕像而非木主神位，以强化文教布教的视觉效果。[②] 表 3 统计的结果也能佐证真壁氏的这一观点。至于为何藩校中使用画像与雕像进行祭祀的比例如此悬殊，从部分藩校的相关记录中我们不难发现，这可能与孔像的获取途径有关：如柳川藩传习馆"圣庙中保存有孔子的铜像及十哲的画像。相传中国明朝儒士朱舜水归化日本时带来了孔子及老子的铜像，后将

① 孔祥林等：《世界孔子庙研究》下册．北京：中央编译出版社，2011 年：第 833 页。

② 真壁仁：「神の憑依するところ：昌平黌釈奠改革と徳川日本の儒礼受容」．『東京女子大学比較文化研究所附置丸山道男記念比較思想研究センター報告』2017 年第 3 期：第99—110 頁。

其赠予本藩儒士安东省菴"①；矢岛藩日新馆"孔像由旧藩主先祖生驹亲正受丰成秀吉之命出征朝鲜半岛时所获，金属质地、高约三尺二三寸"②。由上述可知，雕像比画像更来之不易，是故以雕像祭孔的藩校数量更少。

二　从祀对象的取舍

随着朝代更替，中国官学的孔子祭祀在形式上日渐完善。祭祀对象在此过程中由孔子一人逐渐发展为以孔子为中心的庞大儒家团体。在中国孔庙大成殿内举行的释奠礼，不仅将孔子作为祭祀的中心，还配享颜曾思孟四人，从祀十哲，并于大成殿东西两庑内祭祀历代先贤先儒。而在日本，大多数有孔子祭祀的藩校仅将孔子作为祭祀对象，仅少数藩校才配享从祀四配、朱熹等儒家贤哲或菅原道真、吉备真备等早期学者，部分藩校还祭祀日本神明。

1. 中国孔庙从祀对象

永平十五年（公元72）三月，汉明帝刘庄"幸孔子宅，祠仲尼及七十二弟子"③，可见孔门弟子早在汉代甚至更早便已成为孔子从祀，但并非在太学辟雍这样的最高学府，而是于孔子故里私宅内，此时孔子在官方释奠礼中也尚处于从祀"先师"之位。唐代孔子成为"先圣"后，孔子的弟子颜回顶替了原本孔子所处的"先师"之位，以从祀身份登上庙堂。此后伴随释奠礼规章制度不断改革，从祀逐渐由颜回一人增加到多人。唐玄宗李隆基于开元二十七年颁布《唐六典》，其中国子监条明确规定"凡春秋二分之月，上丁释奠于先圣孔宣父，以先师颜回配，七十二弟子及先儒二十二贤从祀焉"④，将配享从祀阵容扩大至近百人。宋末元初学者郝经曾将这一过程进行梳理，总结为"初，汉世祠孔子无配享者，其后以七十二弟子

① 详见日本文部省编：『日本教育史资料集（1—9）』. 東京：富山房，1903—1904 年：第60 页。
② 详见日本文部省编：『日本教育史资料集（1—9）』. 東京：富山房，1903—1904 年：第878 页。
③ 详见范晔撰，李贤等注，中华书局编辑部点校：《后汉书·卷二显宗孝明帝纪第二》. 北京：中华书局，1965 年。
④ 详见《唐六典·卷二十一·国子监·祭酒司业》。

配，又其后特以颜子配，又以孔子所称颜子以下十人者为十哲，庙貌坐配。后又升孟子与颜子左右并配，皆南向，号称入室。升曾子以备十哲，东西向，号称升堂。七十子配于东西序，后又以左丘明等二十二人配食七十子之列。于是，典礼之盛轶古帝王名臣矣"①。

中国孔庙从祀对象就等级而言可划分为四配、十哲、先贤先儒三大集体。其中四配的成员组成相对稳定，固定为颜子、曾子、子思、孟子四人。除"复圣"颜回在唐代已配享于孔庙，"宗圣"曾子、"述圣"子思、"亚圣"孟子三人作为配享并形成定制已是宋朝。十哲与先贤先儒起源于人们口口相传的孔门"四科十哲"与"七十二弟子"。然此二者于形成之初并未明确为某具体人物，故其具体所指人物一直无定论，历朝历代也多有说辞。特别是安置于大成殿东西两庑内的先贤先儒，在后世逐渐由孔子门生中的脱颖而出者扩大为各个时代具有影响力的儒学大家，总人数发展至清末已达上百人。尽管孔庙祭祀的从祀成员一直在变化，但无论从祀对象为谁，如何扩大，都未脱出儒家学派的整体范畴。正如明代学者周琦所言，"从祀以四配，以十哲，以两庑，见孔子之道大而能博，诚以万世为王者也"②。中国各代帝王在孔子祭祀中建立这样一个庞大的从祀团体，显然是为了衬托出主祀孔子作为儒家之祖的厥功至伟。而这毫无疑问进一步提高了儒学文化的政治影响力，更好地维护了自身的封建统治。

2. 日本藩校从祀（或合祭）对象

通过考察《日本教育史资料》，我们发现在已知进行孔子祭祀的176所藩校中，仅25所祭祀包括孔子在内的多人，其中部分藩校以无主从之分的合祭形式祭祀包含孔子在内的多人。具体情况如表4所示。

表4　藩校祭孔从祀（或合祭）对象

序号	建立时间	藩名	校名	类别	对象
1	宽永十三年（1636）	盛冈藩	作人馆	合祭	大巳贵命
2	宽文年间（1661~1673）	大村藩	五教馆	从祀	四配、泷口文治
3	元禄四年（1691）	姬路藩	好古堂	合祭	八意思兼命

---

① 详见郝经撰：《续后汉书·卷八十七中上·录第五中上·礼乐·人类上》。

② 详见周琦撰：《东溪日谈录·卷五祭祀谈下》。

序号	建立时间	藩名	校名	类别	对象
4	延享四年（1747）	大洲藩	明伦堂	从祀	王阳明、中江藤树
5	宝历八年（1758）	松江藩	修道馆	合祭	素盏鸣尊、大已贵命
6	安永七年（1778）	高锅藩	明伦堂	从祀	程颢、程颐、朱熹
7	安永八年（1779）	平户藩	维新馆	从祀	十哲
8	天明五年（1785）	福山藩	弘道馆	合祭	八意思兼命、武御雷神、事代主神
9	宽政二年（1790）	水口藩	尚志馆	从祀	颜回、闵子骞
10	宽政十年（1798）	琉球藩	学问所	从祀	四配
11	宽政十一年（1799）	彦根藩	弘道馆	合祭	八幡神
12	宽政年间（1789～1801）	丸龟藩	明伦馆	从祀	四哲、朱熹
13	文化十三年（1816）	菰野藩	显道馆	合祭	藩祖、誉田天皇
14	文化十四年（1817）	笠间藩	时习馆	合祭	藩祖
15	文化年间（1804～1818）	山口藩	明伦堂	合祭	藩祖、菅原道真、楠木正成
16	文政三年（1820）	津藩	有造馆	从祀	菅原道真、吉备真备
17	文政四年（1821）	津藩	崇广堂	从祀	菅原道真、吉备真备
18	文政十年（1827）	前桥藩	博喻堂	从祀	朱熹
19	天保三年（1832）	邨冈藩	日新馆	从祀	孟子
20	天保十一年（1840）	犬山藩	敬道馆	从祀	四配
21	天保十三年（1842）	七日市藩	成器馆	合祭	摩利支天
22	嘉永六年（1853）	府中藩	进修簧	从祀	十哲
23	安政四年（1857）	柏原藩	崇广馆	从祀	四配
24	万延元年（1860）	高远藩	进德馆	从祀	四配
25	万延元年（1860）	淀藩	明新馆	从祀	颜回、曾子

资料来源：由笔者根据《日本教育史资料》所载资料整理。

由表 4 可知，在举行孔子祭祀并设置从祀（或合祭）的藩校中，其从祀（或合祭）对象并不统一。不同于中国孔庙局限于儒学子弟，藩校祭祀对象还包括了日本早期公卿学者（如吉备真备、菅原道真等），以及日本古代神话中的神明（如大已贵命、素盏鸣尊、八意思兼命等）。此外，还有几所藩校祭祀藩中先祖、先儒。据此我们可以将表内藩校再分为以下两类。

　　第一类，将四配及程朱、王阳明等中国名儒或菅原道真、吉备真备、中江藤树等日本学士儒者作为从祀配享的藩校，如大村藩五教馆、大洲藩明伦堂、高锅藩明伦堂等。可以说这类藩校的从祀对象构成继承了中国孔庙的传统祭祀模式，但规模方面十分简略，一般仅为中国传统从祀团队中的一人或几人，这也是早在平安时代大学寮中孔子祭祀时便已经形成的传统。大宝元年（701）日本举办释奠礼之初，只祭祀孔子一人，并未设置从祀。之后于贞观年间（859～877）加设从祀颜子与闵子，延喜年间（901～923）开始并祀八哲。虽自此开始具备从祀，但与中国官方祭孔的从祀规格相差甚远。

　　第二类，合祭孔子与藩校当地的藩祖先儒或日本本土神话人物的藩校，如福山藩弘道馆、菰野藩显道馆、山口藩明伦堂等。藩校供奉创藩先祖或建校儒者的情况，类似于中国北宋后各地书院祭祀学派创始人及地方名士。被合祭或作为从祀的素盏鸣尊、大已贵命、事代主神、誉田天皇等均为在日本早期文学作品《古事记》《日本书纪》中出现的神话人物。虽无法考证这些人物及其相关事迹的起源，但其作为本土神明长久以来一直被供奉在日本各地神社中。至于七日市藩成器馆中与孔子合祭的摩利支天，其源于古印度，是日本佛教中重要的护法，受到武士与军人的尊信，也是不少贵族诸侯的精神信仰，而在藩校内将其与孔子合祭，很可能是出于藩主的个人喜好。值得一提的是始建于宝历八年（1758）的松江藩修道馆，其创建之初名为文明馆，仅在每年正月十日对孔子进行祭祀。随着学校扩张改建，其与当地学校合并后开始合祀日本神明。通过建校沿革的有关记录可推断，修道馆对日本神明进行祭祀至少是在始建一百余年后即明治维新前后。且关于合并学校一事的附记有云"在日本应以日本国学为基础而后发展儒学"①，可见当时儒学的政治地位已有所下降，而国学开始逐步受到藩校的重视。此外，福山藩弘道馆、菰野藩显道馆等也是明治维新前后才开始祭祀孔子以外的人物。不仅如此，在部分没有祭祀孔子记录的藩校中，我们也发现了祭祀其他人物的记录，具体情况见表5。

---

① 详见日本文部省编：『日本教育史資料集（1—9）』.東京：富山房，1903—1904 年：第483 頁。

表5　藩校祭祀日本神明情况

序号	建立时间	藩名	校名	祭仪部分的相关内容
1	文政年间 （1818～1830）	岩槻藩	迁超馆	孔子ヲ祭リシハナシ然モ児玉琮ヲハ朔望廿八日 祠堂ヘ酒菓ヲ供シテ之ヲ祭ル又庭前二菅原道真 公ノ廟ヲ設ケ毎年六月廿五日之ヲ祭ル①
2	文政年间 （1818～1830）	田边藩	修道馆	釈奠等ヲ行ヒシコトナシ但校内二武甕雷神経津 主神天満天神ヲ祭リ歳首二必ス祭典ヲ行ヒ…②
3	庆应二年 （1866）	高田藩	修道馆	学神三柱八意思兼神菅原神忌部神ヲ奉祭シ十二 月某日ヲ以テ例祭ヲ挙行ス③
4	明治元年 （1868）	苗木藩	日新馆	日新館構内二左ノ学神ヲ祀リ年々祭事ヲ行フ： 菅原大神　八意思兼大神　忌部大神　荷田氏 加茂氏　本居氏　平田氏④

注：①译文：虽未祭祀过孔子，但每月朔望及二十八日于祠堂供奉酒水果物祭祀儿玉琮，另每年六月二十五日于庭前庙内祭祀菅原道真

②译文：虽未举行过释奠等仪式，但每年岁首校内必举行祭典祭祀建御雷神、经津主神及天满天神……

③译文：供奉作为学神的八意思兼命、菅原道真、忌部神三人，并于十二月某日举行例年祭祀

④译文：每年于日新馆内举行以下学神的祭典：菅原大神、八意思兼大神、忌部大神、荷田氏、加茂氏、本居氏、平田氏

资料来源：由笔者根据《日本教育史资料》所载资料整理，译文均由笔者所译。

可以看出，无论是由祭祀孔子转变为合祭日本神明的藩校，还是如表5所示自建立伊始仅祭祀日本神明的藩校，其转变或建立都发生于江户末期。这一时期，美英等资本主义帝国因不满足于现状开始向外不断扩张并进行文化输出，而中日等长期以封建等级制为核心的国家迅速走向衰败。在这一时代背景下，长久以来将朱子学视为金科玉律的日本学者体会到前所未有的危机感并开始反思，结果之一便是促进了以内部固有文化为根本、对儒学进行批判的国学派的发展。自此，各藩的教学重心从儒学教育逐渐转变为同时发展洋学、国学等。日本教育史学者笠井助治指出，幕府末期的藩校不仅传授汉学，还同时具备习字、算学、医学、洋学、天文、历学、音乐、皇学、武术等学科的教育设施，因而能够培养文武兼修的武士，并为其提供各类课程，这样的藩校实际上已发展为完备的综合大学。① 综上所述，部分藩校在祭祀活动中将孔子与日本神明合祭或单独祭祀日本神明的情况，

①　笠井助治：『近世藩校の総合的研究』. 東京：吉川弘文館，1960 年：第 10 頁。

或许可以理解为这一特殊时期日本儒学式微、国学兴起的具体表现。

三 释奠礼日期、流程及供物

释奠礼作为孔子祭祀的正式仪式，是考察孔子祭祀的关键。相比于中国官学较为固定的祭祀日期，藩校则具有多样性。此外，礼制学者陈戍国曾指出，一场仪式，是由礼物、礼仪、礼意三者组成的，礼意通过礼物和礼仪共同凸显，二者须合理适当，才能将礼意表达明白。[①] 因此，两国在释奠礼祭祀流程及祭祀供物上的差异，同样值得探讨。

1. 祭祀日期

早期学校释奠礼的举行日期都未通过规章制度明确，"凡学，春官释奠于其先师，秋冬亦如之"；"凡始立学者，必释奠于先圣先师"。[②] 两汉南北朝的释奠礼，在祭祀日期上仍然未形成定制，只常见于帝王通经或视学等特殊情况。隋朝时官方先有"国子寺，每岁以四仲月上丁，释奠于先圣先师。年别一行乡饮酒礼。州郡学则以春秋仲月释奠。州郡县亦每年于学一行乡饮酒礼"[③] 之规定，后于唐改为春秋二分之月上丁日释奠于先圣先师，自此官学释奠礼的举行日期再无变化。

据笔者对《日本教育史资料》的统计，日本藩校举行释奠礼的日期可划分为春秋仲月上丁日、藩校正月开学前后、冬至三大类。接下来，我们将通过实例对这三类情况进行详细说明并分析其成因。

第一类，与唐时规制相同。如会津藩日新馆于每年春秋仲月上丁日进行释奠，林田藩敬业馆则在春秋二月和八月上丁日进行释奠。统计表明，部分藩校在释奠礼的举行日期上与中国唐时规制相同，即在每年春秋仲月的上丁日。日本释奠礼始于平安时代，大宝元年（701）日本效仿唐制颁布《大宝律令》，其中《学令》部分有云："凡大学国学，每年春秋二仲之月上丁，释

---

① 陈戍国：《中国礼制史·先秦卷》. 长沙：湖南教育出版社，2011 年：第 7 页。

② 详见马端临撰，上海师范大学古籍研究所、华东师范大学古籍研究所点校：《文献通考·卷四十三·学校考四·祠祭褒赠先圣先师》. 北京：中华书局，2011 年。

③ 详见魏徵、令狐德棻撰，中华书局编辑部点校：《隋书·卷九·志第四·礼仪四》. 北京：中华书局，1973 年。

奠于先圣孔宣父，其馔酒、明衣所须并用官物。"① 之后虽偶有因祭祀前发生天皇离世等不吉之事而取消或延期的情况，但有关祭祀日期的制度再无更改。从日期上的一致可以推断，该类藩校在释奠礼举行日期上很可能直接参照了平安时期《学令》中的相关规定，实则是沿用了唐时规制。

第二类，藩校正月开学前后。如三田藩造士馆按惯例于新年正月初三悬挂孔夫子及朱子画像并举行释奠，宇和岛藩明伦堂新年藩校开学之际诸教员及学生均着礼服出席并对圣像行释奠等。统计表明，选择于学校正月开学前后举行释奠礼的藩校不在少数。这与中国周代时立学开学时释奠的祭祀传统类似，均以开学为契机。笔者推测二者或存在一定联系，但也不能排除因开学时藩主出席，条件更适合行礼的可能。

第三类，冬至祭祀。如绫部藩进德馆仅于冬至对中堂内的孔像进行祭祀，山形藩立诚堂虽未设圣庙但冬至于校堂内举行释奠礼。由此可知，还存在少数以冬至为祭祀日期的特殊情况。冬至早在中国古代便是一年中最重要的日期之一，其受重视的程度不亚于正月。刘晓峰曾指出古人早在夏朝便已注意到这一天的特别之处，一方面将冬至视为新年而以冬至月为岁首，另一方面则将其与阴阳祭祀文化相结合并衍生出了祭天的习俗。② 而冬至文化也伴随着 8 世纪初中日间的文化交流得以传播，仅《续日本纪》（『続日本紀』）一书涉及冬至的相关记录便达 20 条以上，其内容关乎大赦、赐老、宴会、祭神等方面。故藩校以冬至为祭祀日期，其根源很可能受到了中国古代文化的影响。

综上所述，日本藩校释奠礼的举行日期不完全一致，有春秋仲月上丁日、藩校正月开学前后、冬至等多种情况。通过分析不难看出，这几种情况都或多或少受到了中国传统释奠或冬至祭祀文化的影响。

2. 祭祀流程及祭祀供物

《大唐开元礼》将释奠分为皇太子释奠、国子释奠、诸州释奠、诸县释奠四等，四等中最高级别的皇太子释奠由斋戒、陈设、出宫、馈享、讲学、还宫六个阶段组成，其中最为重要的馈享阶段又包括接神、奠币、迎

---

① 清原夏野：『令義解』. 東京：吉川弘文館，1959 年。
② 刘晓峰：《日本冬至考——兼论中国古代天命思想对日本的影响》.《清华大学学报》（哲学社会科学版）2007 年第 3 期：第 100～110 页。

俎、初献，饮福受胙、亚献，饮福受胙、终献，饮福受胙、送神、赐胙、望瘗多个环节。其他三等释奠礼虽然只有斋戒、陈设、馈享三个阶段，但作为核心阶段的馈享在流程上却并无变化，只是初献、亚献、终献三献的致献者有异。而所选供物方面，则有"春秋释奠于孔宣父，九十五坐。先圣、先师各笾十、豆十、簋二、簠二、登三、铏三、俎三；若从祀诸坐各笾二、豆二、簋一、簠一、俎一"① 的明确规定，祭祀规格为大祀，州县释奠相对略简，但仍达到了中祀水平。

　　通过比较我们发现，日本藩校释奠礼各环节在说法上虽与唐代定制略有差异，但其内容与唐代州县级别的释奠基本无异。值得一提的是，由盛冈藩作人馆"此日既是新年又是文武学校开学之日，因而举行盛会至日暮"② 、会津藩日新馆"祭祀仪式结束后撤去酒馔，分发祭肉并开始举行宴会"③ 等记录可知，部分早期建立的藩校会于仪式后举行酒宴。而这又与中国南北朝时期释奠礼尚未定制时的习俗相仿，可见日本藩校中相关释奠的部分习俗可能是参照了比唐代更早的南北朝旧制。

　　不同于流程的相仿，中日两国在祭祀供物上有明显不同。尽管大多数藩校记录并未提及释奠时供物的类别与数量，但就已知部分而言，多数藩校选择在简化供物数量的同时将祭祀用的肉糜、肉脯等以牲畜制成的供品替换为鲷鱼、鲤鱼等一类的河海产物，蔬果方面由于环境的限制大为不同，如丰桥藩时习馆为点心、鲣节、牛蒡、胡萝卜、山药，平户藩维新馆为花生、酒、饭、鱼肉、鸡肉、野菜、海草、河菜。总体而言，藩校释奠在供品与供物方面，甚至远不及中国州府级别的释奠。

结　语

　　在日本江户时代，经查证有近 60% 的藩校祭祀孔子。但其不同于唐朝

---

① 详见杜佑撰，王文锦、王永兴、刘俊文、徐庭云、谢方点校：《通典·卷第一百六·礼六十六 开元礼 纂类一·序例上》，北京：中华书局，1988 年。

② 详见日本文部省编：『日本教育史资料集（1—9）』. 东京：富山房，1903—1904 年：第705 页。

③ 详见日本文部省编：『日本教育史资料集（1—9）』. 东京：富山房，1903—1904 年：第686 页。

后统一规制的中国官学文庙孔子祭祀，在主祀谥号及形式的选择、从祀对象的取舍、释奠礼的举行日期及流程供物等方面均体现出多样化的特点。通过统计分析我们发现，藩校孔子谥号的使用在很大程度上参照了平安时期日本引入释奠礼时所形成的制度，选择"文宣王"作为谥号。而在孔像形式上，日本在接受释奠礼之初便是以画像祭祀，又受到长久盛行的佛教文化影响，藩校内孔像在画像、塑像、木主神位并存的情况下，更倾向于使用画像。从祀对象的取舍方面，区别于朝鲜、越南等国对中国近百人儒家团体的完全接受，日本藩校均模仿平安旧习将其精简至数人，并有数所藩校在明治维新的时代背景下开始祭祀日本神明，有与传统神道教融合的趋势。关于释奠礼，举行日期虽存在多种情况，但从中多少能看到中国传统祭祀模式的身影。而在祭祀的仪式流程及供物方面，日本藩校则在简化的同时，尽可能保留了仪式的完整性。

不难看出，日本江户时代藩校在进行孔子祭祀时，在孔子谥号使用、孔像形式选择、从祀阵容取舍等方面，并未效仿中国不断对规章制度进行调整，而是尽可能地依从平安时代释奠礼传入日本时所形成的旧制，维持了自身传统内核；合祭日本神明、调整简化释奠礼等行为，则体现了日本在接受他国文化时，并非死板盲从，而是因时制宜地对祭祀形式内容进行调整。孔子祭祀在日本藩校的流变虽只是日本吸收中国儒学的侧面之一，却是古代日本在学习他国优良传统时，同时做到保持自我与吸取精华的鲜明例证。对日本藩校孔子祭祀的研究，在国际交流日益密切的今天，也将为各国如何在博取众家之长的同时保留自身传统优良文化提供一定的启示。

历史观察

近世日本儒者的封建、郡县论与幕藩体制意识形态的嬗变[*]

瞿 亮[**]

[摘 要] 封建、郡县论是近世日本儒者辨析幕藩体制优劣的重要依据。近世初期这一论争虽受中国影响，但山鹿素行、熊泽蕃山基于日本自古以来的历史根基与政治现实而得出的各类结论，反映出日本儒者力图超越中国自秦汉以来的郡县制的意图，体现了其封建、郡县论与幕藩体制相契合的"时处位"原则。徂徕学派的复古封建论以尊先王、复古制为名目，推崇"作为"、"道术"与"法度"，突出幕藩体制因时制宜、随时变法的优势。到近世后期，由于商品经济发展和内部阶层对幕藩体制的冲击，开始出现了反幕藩体制类型的封建、郡县论争。它既是推翻幕藩体制的重要依据，其衍生出的本国优位思想及"脱儒入法"倾向，也影响了近代日本政治思想和对外观。

[关键词] 封建、郡县论 近世日本 日本儒学 幕藩体制 脱儒入法

引 言

封建、郡县是中国历代行政制度变革过程中的两大基本体系。中文

---

* 本文系 2017 年国家社科基金青年项目"日本江户时代的史学变革研究"（项目号：17CSS002）的阶段性研究成果。

** 瞿亮：湘潭大学哲学与历史文化学院讲师，湘潭大学东亚研究中心研究员，研究领域为日本史、中日文化交流史。

"封建"一词最早见于《诗经·殷武》"命于下国，封建厥福"①，然而此时与制度、土地并无相关。周代实行封邦建爵制度，但"封"与"建"多分两字使用。直至秦统一建立中央对地方集权统治时，群臣向秦始皇谏言施行郡县制，"昔者五帝地方千里，其外侯服夷服，诸侯或朝或否，天子不能制。今陛下兴义兵，诛残贼，平定天下，海内皆为郡县，法令由一统，自上古以来未尝有，五帝所不及"②，李斯列废除封建制的原因时对其进行了系统论述，"周文武所封子弟同姓甚众，然后属疏远，相攻击如仇雠，诸侯更相诛伐，周天子弗能禁止。今海内赖陛下神灵一统，皆为郡县，诸子功臣以公赋税重赏赐之，甚足易制。天下无异意，则安宁之术也"③。魏晋时期曹冏《六代论》、陆机《五等诸侯论》则有肯定封建而排斥郡县的论述，唐宋时期柳宗元、苏轼皆有对封建进行总结性述评的《封建论》：柳宗元批判"封建非圣人意也……周有天下，裂土田而瓜分之……余以为周之丧久矣，徒建空名于公侯之上耳"④，指出其是导致天下纷乱和王朝短暂的隐患，"魏之承汉也，封爵犹建，晋之承魏也，因循不革而二姓陵替，不闻延祚"⑤，强调封建是一己之私的产物；苏轼认为"封建者，争之端而乱之始也。自书契以来，臣弑其君，子弑其父，父子兄弟相贼杀，有不出于袭封而争位者乎？"⑥ 进一步将它视为导致争乱的源头和扰乱纲常的祸端。《文献通考》进一步总结指出"然必有公天下之心然后能行封建，否则莫如郡县，无公天下之心而欲行封建，是授之以作乱之具也"⑦。宋元时期中央集权与统一的行省制度逐渐成熟与巩固，学者们对周、汉时代的分封与唐末藩镇割据都进行了严苛且系统的批判，这也为近

---

① 程俊英、蒋见元：《诗经注析》上册．北京：中华书局，1991 年：第 1043 页。

② 司马迁撰，裴骃集解，司马贞索隐，张守义正义：《史记》一．北京：中华书局，1999 年：第 168 页。

③ 司马迁撰，裴骃集解，司马贞索隐，张守义正义：《史记》一．北京：中华书局，1999 年：第 170 页。

④ 柳宗元：《封建论》．沈德潜撰，赖山阳注：《唐宋八家文读本》卷 7．北京：温故堂，1887 年：第 12 ~ 13 页。

⑤ 柳宗元：《封建论》．沈德潜撰，赖山阳注：《唐宋八家文读本》卷 7．北京：温故堂，1887 年：第 16 页。

⑥ 苏轼：《秦废封建》．苏轼撰，王松龄点校：《东坡志林》．北京：中华书局，1981 年：第 104 页。

⑦ 马端临撰：《文献通考》下．北京：中华书局，2006 年：第 2095 页。

世学习宋学、突出纲常和强调秩序的儒者所移用，成为近世至明治时代封建、郡县之论争的原典来源。

近世日本儒者的封建、郡县论是受中国历代封建、郡县论影响，围绕中国封建向郡县的转变历程、孰优孰劣及日本历史上中央与地方的行政组织形式而展开的论述，它既是维护幕藩体制的重要依据，其衍生出的本国优位思想及"脱儒入法"倾向，也影响了近代日本政治思想和对外观。目前掌握的文献中，冯天瑜在「〈封建〉の概念の汎用化に関する史的考察」中谈到荻生徂徕、赖山阳等人的郡县论。[1] 小泽荣一在《近世史学思想研究》中分析了山鹿素行和熊泽蕃山封建郡县思想中的"时处位"精神，认为这推动了近世日本史学的变革观念。[2] 前田勉「日本における封建・郡県論——近世日本の封建・郡県論のふたつの論点」梳理了近世封建、郡县论的两大类型。[3] 鲜有直接涉及近世封建、郡县论与幕藩体制关系的研究，本文力图从近世学者的文本入手，分时段分析封建、郡县论争与幕藩体制关系的变化，以求对该问题有更为系统和脉络性的理解。

一　封建、郡县论与近世初期幕藩体制的契合

明清易代之际，顾炎武、黄宗羲在反思历代制度利弊时对封建、郡县提出超脱于孰优孰劣的新阐释。顾炎武指出"知封建之所以变为郡县，则知郡县之弊而将复变。然则复变而为封建乎？曰，不能……而封建之废，固自周衰之日而不自于秦也。封建之废，非一日之故也，虽圣人起，亦将变而为郡县"[4]，强调郡县代替封建是不可逆的趋势，同时又指出到明代郡县的难以维系是由私欲独专所致，"封建之失，其专在下；郡县之失，其专在上。……今之君人者，尽四海之内为我郡县犹不足也，人人而疑之，

---

① 鈴木貞美、劉建輝等編：『東アジアにおける近代諸概念の成立——近代東亜諸概念的成立』第 26 巻．京都：国際日本文化研究センター，2012 年：第 67—117 頁。
② 参见小沢栄一：『近世思想史研究』．東京：吉川弘文館，1964 年。
③ 張翔、園田英弘共編：『「封建」・「郡県」再考：東アジア社会体制論の深層』．京都：思文閣出版，2006 年。
④ 顾炎武：《郡县论》．顾炎武：《顾亭林诗文集》．北京：中华书局，2008 年：第 12 页。

事事而制之"①，认为如何处理公私关系是评判郡县制度推行好坏的标准。而到 1662 年，黄宗羲在《明夷待访录》"方镇"论中，针对封建、郡县各自的弊端提出了新解决方案，"是故封建之弊，强弱吞并，天子之政教有所不加；郡县之弊，疆场之害苦无已时。欲去两者之弊，使其并行不悖，则沿边之方镇乎"②。与此同时，日本的知识界也针对德川幕藩体制与封建、郡县之间的关系进行了基于其本国实情的探索，山鹿素行就是综合中国历代封建、郡县论而提出契合维系幕府与各藩稳定秩序的先驱。

与顾炎武、黄宗羲痛切指陈明末纷争与灭亡教训时得出封建、郡县之弊皆出于私欲和专制不同，山鹿素行身处于内乱终结、外无侵扰的幕藩体制巩固之时，社会稳定，武士阶层的统治秩序趋于安定，他是要通过回顾历史上封建、郡县制的各自利弊，一方面论证幕藩体制的合理性与正当性，另一方面找到可借鉴之处为幕府有效地控制各藩服务。他受宋元时期封建、郡县论的影响，在《山鹿语类》专门列出的"封建郡县篇"中先是沿用《文献通考》对封建、郡县制的总结，指出二者在中国历史各阶段都有其利弊，"封建、郡县二者乃天子分制天下之源，其义尤详，诸儒之义未有一决，汉魏晋梁唐宋之间，草创天下之主君必有此论，亦未有定说，至秦二世群雄而起，秦之守宰争逐自号为王，虽致天下乱，汉一统天下，以秦孤立而亡为惩戒，封王室功臣而行封建之法，其后世多从封建之法，陆士衡、曹元首以封建为善，李百药、柳宗元以郡县为佳……马端临曰，夫置千人于聚货之区，授之以挺与刃，而欲其不为夺攘矫虔，则为之主者必有伯夷之廉伊尹之义，使之麾然潜消其不肖之心，而后可，苟非其人，则不若藏挺与刃，严其检制，而使之不得以逞，此后世封建之所以不可行，而郡县所以为良法……贵在相时，时可未可，理资通变……唯明主择焉"③。他进而指出两制度的良弊取决于朝廷和天子是否施行良政、如何处理公私及是否推行遵奉法令，"封建郡县二制，上逢明主推行，下遇良臣护佑，皆出于天下之至公，则二者皆可利大，然上薄德下无明臣，两者皆

---

① 顾炎武：《郡县论》. 顾炎武：《顾亭林诗文集》. 北京：中华书局，2008 年：第 12 页。

② 黄宗羲：《明夷待访录》. 北京：中华书局，2011 年：第 85 页。

③ 山鹿素行：『山鹿語類』第 1. 東京：国書刊行会，1910 年：第 344—347 頁。

有衰世之征无利世，则两者须正其法，其法相立而各天下守护之"①。山鹿认为当道德与人心不足以维系中央与地方稳定的关系时，就应该采用法令与征伐制度，保证秩序稳定和天下太平，"今天下俄云封建、俄云郡县，反却招乱，推封建郡县当用良法，但聚置天下功德之臣于王畿，边方远境有事之时，吏官威轻禄少，其命不可相通，故各所置诸侯以其良法为正，则不恐边守"②，由于幕藩体制从形式上与中国的分封制类似，这也暗含了他为推行幕藩体制的合理性与操作性而申辩的意图。他认为"封建抑或郡县，以公心行之时皆出于公，天下不为己私也，若以私心为之，虽封建求永世以同姓之室封之期根固，谋天下相传于自家，然让贤任德难矣，郡县亦然"③，而自家康以来的德川幕府号称以"公仪"统领各大名，山鹿素行强调"公心"起决定作用也是为德川氏维系幕藩体制正名。而谈及如何维系封建与郡县的稳固秩序时，他从周代"六典""九贡""九伐""九仪"中寻求巩固天下的手段，"六典者牧、监、参、伍、殷、辅也，诸国之内，选功德其长方者也……是虽有诸侯国而不立自官，各告天子受冢宰之命"④，"又以九贡致其用，是诸侯国奉天子而定也……考此九贡，皆度量其国出生之物贡于天子也，虽封诸侯国然国之财用不为所私也"⑤，"又有九伐之法以正诸侯，所谓冯弱犯寡而眚之，贼贤害民则伐之，暴内陵外则壇之，野荒民散则削之，负固不服则侵之，贼杀其亲则正之，放弑其君则残之，犯令陵政则杜之……以上是号九伐"⑥，虽然他所论述的都是周代维系分封制的方法，但实际上是寻求这些方法与幕藩体制的契合点以维持秩序。

山鹿素行虽然承认周代封建制的可行性与合理性，但在对地方进行管制时又否定诸侯分封制的做法，强调从郡县制中汲取集权的成功经验。他先在《谪居随笔》中列出封建、郡县在日本历来政治运用中各自的特征与利弊，"凡封建之政，其重在列侯，郡城之主地头次之，郡县之政，其重

---

① 山鹿素行：『山鹿語類』第 1. 東京：国書刊行会，1910 年：第 347 頁。
② 山鹿素行：『山鹿語類』第 1. 東京：国書刊行会，1910 年：第 349 頁。
③ 山鹿素行：『山鹿語類』第 1. 東京：国書刊行会，1910 年：第 350 頁。
④ 山鹿素行：『山鹿語類』第 1. 東京：国書刊行会，1910 年：第 351 頁。
⑤ 山鹿素行：『山鹿語類』第 1. 東京：国書刊行会，1910 年：第 352 頁。
⑥ 山鹿素行：『山鹿語類』第 1. 東京：国書刊行会，1910 年：第 353 頁。

在民，王室用郡县之制，故政以民急，英武者以封建之制，故公侯群臣为先"①，进而指出兼用各自所长才能令统治长久，"封建郡县交行，则维持之制自有磐石之固，专封建则尾大不掉，必郡县则疆寇难制"②。在《谪居童问》"诸侯立何以制国郡"的问答中，他进一步指出要结合时势与实情建立形式上分封实际上集权的中央统领地方体制，"考天下之形势，或封建以诸侯、公族建蕃屏，或置国各所建郡县之制，以守、尉、监而治国，入租税。是宜详其国郡而从其水土形势，专封建、郡县于方寸必致其失"③。他进而回顾日本从郡县转向封建的历程，指出"本朝之制至后白河院皆行郡县之法，故天下无诸侯，国司皆限任四年，过后必究补改，租税上计天子……赖朝卿任六十六国地头职捕，初行封建之法，故罢国司而号守护，赐郡县而号地头，守护、地头直收其所之租税……"④ 他认为镰仓与室町时代虽推行封建，但在租税与官职上都无法采取行之有效的集权措施，而这些到家康治理天下时才得到有效解决，"唯大权现治世之后，共行封建、郡县，诸国虽封而建之又行郡县之治，互相维持，政道化而为一，以至风俗不异，知虑神圣，凡虑皆所及"⑤。他还列出公家朝廷、镰仓和室町幕府在处理封建与郡县上存在的问题，"本朝公家一统皆推郡县，然天下大乱而不起，镰仓家由因天下久用郡县而致斗乱，京家用封建后亦天下纷乱迭起，而国国诸侯各思一家而蚕食近国，至大永天文之间犹如战国之七雄，是山名一族领十一国起明德之乱，赤松一族领中国起嘉吉之乱，细川、山名致应仁之乱，封建之失并起"⑥，进而指出要维系目前德川幕府与各大名的分封关系就须兼用郡县集权的方式，"今人撰制封建之策，

---

① 山鹿素行著，国民精神文化研究所编：『山鹿素行集』第1卷．東京：目黒書店，1943年：第187頁。
② 山鹿素行著，国民精神文化研究所编：『山鹿素行集』第1卷．東京：目黒書店，1943年：第209頁。
③ 山鹿素行著，国民精神文化研究所编：『山鹿素行集』第6卷．東京：目黒書店，1943年：第471頁。
④ 山鹿素行著，国民精神文化研究所编：『山鹿素行集』第6卷．東京：目黒書店，1943年：第473頁。
⑤ 山鹿素行著，国民精神文化研究所编：『山鹿素行集』第6卷．東京：目黒書店，1943年：第473頁。
⑥ 山鹿素行著，国民精神文化研究所编：『山鹿素行集』第6卷．東京：目黒書店，1943年：第474—475頁。

倡用郡县之法，天下盗贼由封侯大名制之，诸侯若起不义，邻郡县之地以正法，相互维持，全兼备封建、郡县……私云，封建赐守护地头，郡县则立代官收纳之，今世陪臣之禄皆在郡县，主人悉以代官纳其租税，群臣以廪给分其禄"①。实际上，德川幕府虽然形式上分亲藩、谱代、外样大名来驻守各地，但各藩处理外事、宗教、贸易、纳租等实际事务时却由幕府派遣的奉行、代官执行，而参觐交代又让大名与知行地有着疏离，而且无论是幕府还是各藩，家老在治理政事上都扮演着重要的角色。② 因此，《谪居童问》所载的山鹿素行关于德川幕府名从分封实取郡县的见解就是幕藩体制的真实写照。

而《中朝事实》对封建和郡县制的再概括，也进一步引证了山鹿素行结合中国历代封建、郡县之论争，从名、实两个层面得出契合德川日本幕藩体制的新见解。他首先指出封建和郡县都曾出现于日本的历代政治体制中，认为封建与郡县的变革是各时代因地制宜、虽时而变的结果："中国草昧之时，民各聚结陵跞，或恐其勇悍，或服其奸计，故怀其惠施以属之，立其党，自定封境，相屯既久，天孙降临亦不易而治，故封建八十万神，是不得已之势也，其后子孙渐微，而帝得行郡县之制，是乃天下之势也。"③ 山鹿素行为近世幕府体制而正名，也探讨了维系太平稳定秩序的可行性与操作性，是灵活移用中国封建、郡县论探讨其本国实际治政方略的典范，"建方伯、立三监，天子巡狩而规礼观俗，明黜陟之政，诸侯朝聘而勤王室、受正朔，退存违、颜咫尺之敬，故宗子惟城，侯王惟藩矣……人君以一人之眇，岂及天下之众乎，故建其长，建长之道，民间立保伍，以亲察之……总之郡县，辖诸国司是乃建长之道也……因神圣开端之诚，以扩充之，则与天壤无穷也，是治道之要，大都所以本人君之志也"④。山鹿素行的封建、郡县论中所体现出的随时而变、因地制宜、兼容并包、儒

---

① 山鹿素行著，国民精神文化研究所编：『山鹿素行集』第 6 卷 . 東京：目黑書店，1943 年：第 475 頁。

② 参见横田冬彦 著，瞿亮 译：《天下泰平：江户时代前期》. 上海：文汇出版社，2021 年。

③ 山鹿素行著，国民精神文化研究所编：『山鹿素行集』第 6 卷 . 東京：目黑書店，1943 年：第 54 頁。

④ 山鹿素行著，国民精神文化研究所编：『山鹿素行集』第 6 卷 . 東京：目黑書店，1943 年：第 62—63 頁。

法相济等实用主义原则，也为伊藤仁斋、荻生徂徕等古学派沿着该问题论争得出更契合日本实情的封建、郡县论打下基础。

而熊泽蕃山则强调顺时势而行，针对"王代之时一任官限四年之法乃适宜之道理乎"的疑问，他指出"舜帝封象于有庳，用代官治其国，象收其国贡物，谋诸侯之富贵……日本古时，诸侯亦受各国之贡物……与舜帝之遗法相近，而至秦制法罢侯仁政不行之时，置法而设守、令，其守、令行恶，则不待四年"①，肯定秦之后推行郡县制的合理性，而在《集义外书》中他试图论述用郡县制的选官任官方式来治理封建地方，"用圣人之法，亦有不忍人之心，大君封国郡亦同理……任教化治养者为国郡之主，无国郡之主则乱相生焉……诸侯成其国受位禄，与养国郡之老役类同"②。到17世纪末，身处元禄时代鼎盛时期的伊藤仁斋也发出了维护德川体制的郡县论，在《童子问》中，他提出"后世恐难行王道，曰：子为不井田不封建则不可行王道乎？将为悉除后世之法以复三代之旧乎，曰然非邪，曰非也。王道岂在法度上乎？所谓王道者，以不忍人之心行不忍人之政而已，何难之有。若使圣人生于今世，亦必因今之俗，用今之法，而君子豹变，小人革面，天下自治矣"③，虽然伊藤在制度上推崇三代先王之制，但在治理上，他则有着"脱儒入法"的倾向。熊泽蕃山与伊藤仁斋虽然推崇的都是仁政与圣人之道，但二者都突出了在日本推行圣教的特殊性与顺时而变的灵活性，强调顺时而定法令、制度与实践王道相匹配。熊泽蕃山针对是否恢复井田制的疑问，指出"古与今时势大异，古法今不能行者多矣，井田其一也……圣人之意在仁政，而各国行仁政必须与时相应，当据今时所位行仁政复大道"④，强调行仁政应该与所处的时势结合起来。

熊泽蕃山的历史观严格遵循了"以德配天"的儒教政治论，同时又强

---

① 熊沢蕃山：「集義和書」．後藤陽一、友枝龍太郎編：『日本思想大系30 熊沢蕃山』．東京：岩波書店，1971年：第320頁。
② 熊沢蕃山：「集義外書」．井上哲次郎、蟹江義丸共編：『日本倫理彙編』卷2．東京：育成会，1901年：第164頁。
③ 伊藤仁斎：「童子問」．井上哲次郎、蟹江義丸共編：『日本倫理彙編』卷5．東京：育成会，1902年：第112頁。
④ 熊沢蕃山：「集義外書」．井上哲次郎、蟹江義丸共編：『日本倫理彙編』卷2．東京：育成会，1901年：第190頁。

调了变化流动与因时制宜，这与恒常不变的天理形成鲜明对照，并以动态的世界观和"时处位"为原则来评述日本历史各阶段的优劣。在熊泽蕃山那里，"神道"作为与日本独特风土相适应的特殊"情势"，成为超越个人的社会存在，主导着历史的盛衰，这种承认时空相异、水土相别的"时势"思想对原本普遍化的朱子学原理进行了特殊的规定，与小濑甫庵、林罗山等近世初期儒者用中国的原理套在日本史实上形成了差异，显示出与宽文元禄时代相契合的新变化。他对武家政治的否定已经与林家、素行、白石构成了巨大区别，他的历史观在某种程度上与幕府体制保持了一定距离，还对德川执政提出批判，他尊皇复古的史论对非体制和反体制立场的思想家产生了深远的影响。

二　徂徕学派封建"复古"论与改制思想的兴起

随着幕藩体制趋于稳定，儒学重实用化的特征愈加凸显，对于封建与郡县制的探究逐渐侧重于对民生、民心的影响，以达到实用目的。伊藤仁斋提出"若凡事必以出于古为是，而以出于今为非，则假史圣人生于今世，用于今世，亦且莫奈之何……古者封建，后世则郡县，古者井田后世则租调，古者车战，后世则骑兵，古者地坐，后世则椅子……此等类一一复古，则天下骚然，虽民力竭而骨朽亦不可成矣"[1]。这继承了熊泽蕃山因时而变的主张，也将沿用古制或变革新制的选择问题放在了关键位置。而后，围绕是否复古的问题，京学派室鸠巢亦指出封建对长治久安的积极意义："若周时封建国主治时，天子有遇恶，诸侯为天下之藩屏，如四方之垣守护王室，因兹周室保三十七代九百年之祚，秦汉以后天子虽拥全地，王室威盛则共守，而后各方起义蜂起致乱，故相续三百年而无，不及周室之长久。"[2] 他进而将在公家王室拥有实权时期设置的国司视同为周代诸侯，而将武家时代的地头、守护视为郡县的官吏，认为从封建向郡县的转变

---

① 伊藤仁斎：「漢文帝除肉刑論」. 伊藤仁斎撰：『古学先生文集』. 1717 年：国立国会図書館オンラインへのリンク第 76 頁，a 版。

② 室鳩巣：「献可録」. 滝本誠一編：『日本経済叢書』卷 3. 東京：日本経済叢書刊行会，1915 年：第 162 頁。

致使了镰仓、室町时代动乱，"日本昔日国司代领其地，似周之诸侯，其故致使王代诸国静谧，至武家时诸国置守护、地头，代之以代官之治，故一动则骚乱出，镰仓、足利虽相续二百岁，其内无一日之太平，权现创业之际，以明智之虑而建诸侯……期以无限之仁慈谋长久"①。

伊藤仁斋与室鸠巢围绕着古今之制而展开的封建、郡县优劣争论，也推动了荻生徂徕学派对封建制的再思考，标榜着复兴古道、古制的徂徕学派形成了盛赞封建而贬低郡县的论调。荻生徂徕在《瑷园十笔》中也认为封建优于郡县，"秦郡县天下，而后有盗贼乱天下之祸也，三代时无之，我邦自古无乱天下之祸者，士君子土著故也。虽非封建，犹之封建，今海内封建，而士鲜有采邑者，今此之后，必有盗贼乱天下之祸也，有采邑而不处，聚之一城中，是何异郡县也，何则一败不可复振也，土著者不可锄矣"②。在《辩道》中他将封建制视为实践先王之道的途径，而郡县制则致使人心不古，唯崇统御术，"先王之道乃安天下之道……然后世更封建而郡县，而先王之道为世之赘旒。世之所称先王者，遒所谓以经术缘饰吏治是已。大抵封建之道，其于民而言尤且有家人父子意，至于郡县，则唯法是仗……无复恩爱"③。基于对封建制的推崇，荻生徂徕认为织丰政权至德川幕府是奉行封建以结束纷乱的治世，"今之大名若古之诸侯，贡土产乃当然之事，然今之人不奉行此举乃因室町家之末天下大乱所致，时武家侵占国郡，年久所奉郡县制之租庸调法，更不必说增土产之贡，其后太阁秀吉公虽统一天下，然不知其旨"④，"今时乃封建之代，奉武家之治"⑤。在其晚年所撰《徂徕先生答问书》中，他总结了封建与郡县的各自特质，认为封建具有更大的优越性，"封建之世与郡县之世，乃天下制法之总别。

---

① 室鸠巢：「獻可錄」. 滝本誠一編：『日本経済叢書』卷 3. 東京：日本経済叢書刊行会，1915 年：第 163 頁。

② 荻生徂徕：「蘐園十筆」. 関儀一郎編：『続日本儒林叢書』. 東京：東洋図書刊行會，1930 年：日本儒林叢書テキストデータベース第 9 卷，写真版第 132 頁。

③ 荻生徂徕：「弁道」. 吉川幸太郎等編：『日本思想大系 36 荻生徂徕』. 東京：岩波書店，1973 年：第 21—22 頁。

④ 荻生徂徕：「政談」. 吉川幸太郎等編：『日本思想大系 36 荻生徂徕』. 東京：岩波書店，1973 年：第 318 頁。

⑤ 荻生徂徕：「政談」. 吉川幸太郎等編：『日本思想大系 36 荻生徂徕』. 東京：岩波書店，1973 年：第 270 頁。

封建之世，天下诸侯相分，鲜有天子直治。诸侯之臣皆代代受世禄持知行地，共举用贤者，人大体有分限，士大夫恒为士大夫，诸侯恒为诸侯，故人心定，法度粗略，唯上下恩义而治，以养廉耻为先……至郡县之世，诸侯不立士大夫皆无，无知行之地皆受薄禄……置太守县令治国郡，为势力薄法度立三代而替……日本古为郡县，今已有封建之势"①。盛赞封建制的儒者并非荻生徂徕一人，其弟子山县周南亦有类似的主张，他认为中国汉唐时期虽盛极一时，但仍比不上尧舜禹分封制时期的民心纯朴与世道安宁，"异国三代之后，虽有汉唐明之盛时，然今世之治杳所不及，彼推郡县之制，以法治世，不及三代封建之世以仁政而治……彼国郡县之制，自秦始皇而始，天下一国，其内分郡县，皆由代官而治，一任三年而交替，故上下不一，恩义淡薄，易受法侵……秦汉以后至今不及三代之治者，是为其根本也"②，进而分析封建优于郡县的原因在于"士大夫皆世禄也，君臣为谱第，君民上下恩义相厚，一国之内宛如一家。是三代圣王治天下安万民法制之骨柱也……故定封建而天下安治，乃封建至仁不偏天下也，关原一役武德建成就，乃天下自然而定封建之世"③。荻生徂徕推崇封建的理由在于其能够将土地、民生和财产更为合理地分配到从诸侯到士的各阶层，他更为关注的并非道德在其中的作用，而是强调了制度合理化对于经济和社会稳定的影响。

同为徂徕学派的太宰春台则从大一统角度认为郡县结束分裂割据局面是适应而今情势的必然，"中国三代以上，建万国、封诸侯。秦汉以降，郡县海内天下之人，不复知古者封建制为何如也。我日本古亦效仿汉唐之制，郡县海内，晚近扰乱，豪杰崛起，蚕食兼并，寖以成国，及神祖受命，混一海内因立诸豪强归降者为侯"④，肯定了德川结束封建割据的大一

① 荻生徂徕：「徂徕先生答問書」. 井上哲次郎、蟹江義丸共編：『日本倫理彙編』卷 6. 東京：育成会，1902 年：第 154—155 頁。
② 山県周南：「爲學初問」. 井上哲次郎、蟹江義丸共編：『日本倫理彙編』卷 6. 東京：育成会，1902 年：第 342 頁。
③ 山県周南：「爲學初問」. 井上哲次郎、蟹江義丸共編：『日本倫理彙編』卷 6. 東京：育成会，1902 年：第 344—345 頁。
④ 太宰春台：「斥非」. 賴惟勤編：『日本思想大系 37 徂徕学派』. 東京：岩波書店，1972 年：第 144 頁。

统功绩。但在其著述《封建论》中，他又从大一统角度贬斥郡县制是私心私利、不能长久的，"唐柳子厚著《封建论》乃云，封建者非圣人之本意，不得已之势也，因极言郡县之便，谬哉。余窃不取焉，盖自秦人始郡县海内，后世因之，迄于今不革。天下之人，习其所睹，便其所惯，加以去先王之世渐远，人不复见封建之美，固谓郡县可以为天下已"①，在《封建论》中他举出日本自古推行郡县制的弊端，强调德川幕府幕藩体制封侯镇守天下的优越性，"我日本前世亦以郡县治久矣，及室町氏之衰，一二藩镇强盛，守尉据其地，豪杰崛起于四方，兵争不已，遂为战国，神祖受命，奋其英武，统一海内，于是以其地降者，而封之。且又侯子弟功臣于要地，以藩屏王室，凡三百诸侯，宛然三代之制也，于乎美哉"②，但他所推崇的封建制是在海内统一、天下共一主的前提之下的，他在《经济录》中又进一步突出了德川幕府结束纷乱局面建立的幕藩体制与周代封建制的类似性，"室町家之时，诸国大名自云高家，又有守护、职之家，累世领有其国，有如君主……神祖登极指出，封同姓之贵族与勋劳诸臣于枢要之地，为国家之藩屏……定朝觐职贡之法，天下遂为真封建，略与中华周代相似，是又一大变也"③。在论证中国郡县制弊端时，他首先指出郡县选拔的官吏时常更替，无法致使良政、仁政长久推行，"夫郡县之制始于秦，自汉以下，百代因之，其置吏处治虽不同。大抵郡县之吏临任者，未有过十年而留任者也，速者不期月而去，方其在任也，犹人之在逆旅也，何有于主家。即有欲施仁政者，率终于因循不果，虽有子民之心，鲜见其效，以行之无定故也"④。接着，他又举证郡县和封建在防御外敌时的弊端与优势，强调封建才是御敌于外的长久方略，"先王之于戎狄也，入而逐之，寇而膺之，未尝穷兵黩武，然戎狄亦莫敢侮之，封建故也。自秦汉而下，

---

① 太宰春台：「封建論」. 賴惟勤編：『日本思想大系 37 徂徠学派』. 東京：岩波書店，1972年：第 419 頁。

② 太宰春台：「封建論」. 賴惟勤編：『日本思想大系 37 徂徠学派』. 東京：岩波書店，1972年：第 419 頁。

③ 太宰春台：「経済録」. 賴惟勤編：『日本思想大系 37 徂徠学派』. 東京：岩波書店，1972年：第 22 頁。

④ 太宰春台：「封建論」. 賴惟勤編：『日本思想大系 37 徂徠学派』. 東京：岩波書店，1972年：第 420 頁。

拓边是务，而虏之入寇，愈益深焉，后数百岁，虏遂取天下之半，又数百岁，海内尽为虏有，哀哉。堂堂冠裳，变为胡服，此其祸之，由郡县所致也"①。明清易代之后东亚思想界所引发的"华夷之辩"在德川时代也深入儒士的知识体系之中，太宰春台通过"以夷变夏"论证郡县的弊端及封建的优点，表明了日本因推行封建而能够牢固守卫疆土不至于遭受夷狄侵害，中国崇尚郡县而招致"华夷变态"的优位心态。在回答封建制导致诸侯兼并、致使藩屏失去控制的质疑时，他又强调了因时制宜、随时变法的重要性，"夫一阴一阳者，天地之道也，世之治乱，犹寒暑昼夜也……人在一世，有兴有废，亦犹死生之相代也，此王者之所以迭兴也，何独咎周季之乱乎，兼并何病于封建乎，惟立法为善，而时修之则长久，立法于不善，而不见其弊则速亡，是必然之理也"②，突出幕藩体制虽然推崇三代之制，但又主张"作为"优于"道德"的决心。

总之，徂徕学派的儒者在论述封建制的过程中，多次谈到其与先王之道、三代之治的契合性，这些主张并非完全地恢复先秦的制度，而是以尊先王、复古制为名目，推崇"作为"、"道术"与"法度"，突出幕藩体制因时制宜、随时变法的优势，这种降低道德影响而突出制度作用的"阳儒阴法"主张，也是针对近世中期商品经济冲击下武士阶层贫富差距增大而提出的复古改制之策。

三 近世中后期封建、郡县论与新国家构想

到了近世后期，由于商品经济发展和内部阶层对幕藩体制的冲击，开始出现了反幕藩体制类型的封建、郡县论争。青木昆阳在《草庐杂谈》中提出"三代用封建，秦用郡县，沿用至清之世，唐太宗明睿采杜如晦、王珪、魏徵之名臣，虽欲复封建之形，然已不合时宜，乃世之势所定也。我国从唐之制置以户而不以封，而其后又至封建……封建非出于神祖之意……是等

---

① 太宰春台：「封建論」．頼惟勤編：『日本思想大系37 徂徕学派』．東京：岩波書店，1972年：第420—421頁。

② 太宰春台：「封建論」．頼惟勤編：『日本思想大系37 徂徕学派』．東京：岩波書店，1972年：第421頁。

治乱之势，虽匹夫之身，短浅之才，若从圣人为政之说，亦可治与时、身相应之政"[1]，赋予封建、郡县论争以破除等级界限的新意义，欲打破幕藩体制牢固的身份关系。赖山阳则在《新策》中批判封建制致使兵力分散、财力疲乏、诸侯对中央形成巨大威胁，"及足利氏以降，乱离相踵，兵常合于将，以渐封建之形。封建之形，成于丰臣氏，又数迁其封，故兵之常合于将者甚众，终至住其城下，犹寄寓之人，衣食器用不得不资于商贾，乃悉贩其禄，化谷为钱，则奸民比周，射利其间，分据天下城府，各置壇坫，四达罔利，诸州农亦舍业改产，集于城府，城府之势日盛，寄寓之人益众，而天下之物力偏枯"[2]。中井竹山将封建与郡县放在是否符合自然之势的维度，强调制度的维系与天下的稳定并不是由统治者所决定的，而是由时地本身的规律与自然之法来安排的，他认为"封建者，自然之势，非帝王之所创也，王者御世，建侯封子弟，亦遵自然之势而已矣，唯秦皇一攘之，而后世莫有复焉者，祸乱相踵，生民涂炭，汉唐以降，有治平之年而无治平之世，十载不动干戈者或鲜矣，终举宇内奉于夷狄者再矣，皆郡县为治之罪也，吾悯华夏之沦没，亦知自然之势不可易也"[3]。山片蟠桃在《梦之代》中也从"自然"与"作为"的角度论述封建与郡县的优劣，认为符合国情与时势的封建制要优于从中国借鉴学习的郡县制，"夫封建诸侯各拥一国，厚恤百姓，诸政融通，而郡县则代官、国司之类疏远律令，又总政在京师，故薄恤百姓，诸政难通。故封建乃天下自然之大道，王者所好。郡县乃后世作为之私法，霸者所好。故封建弊少而郡县弊多。自东周衰至自然而毙存二百有年，乃蒙封建之余德。秦用郡县俄然而灭，暴秦三年遭变，乃郡县之余殃也……汉土始用封建后置郡县，日本虽初变封建之制，至中世亦未全消，终又复封建，可谓美哉"[4]。

---

① 青木昆阳:「草廬雑談」. 滝本誠一編:『日本経済叢書』巻 7. 東京:日本経済叢書刊行会，1915 年:第 363 頁。

② 頼山阳:「新策」. 滝本誠一編:『日本経済叢書』巻 33. 東京:日本経済叢書刊行会，1917 年:第 489—490 頁。

③ 中井竹山:「弊帚季編」. 関儀一郎編:『続日本儒林叢書』. 東京:東洋図書刊行會，1933 年:日本儒林叢書テキストデータベース第 9 巻，写真版第 13 頁。

④ 山片蟠桃:「梦之代」. 本田紀久、有坂隆道:『日本思想大系 43 富永仲基・山片蟠桃』. 東京:岩波書店，1973 年:第 334 頁。

　　本多利明在《西域物语》中关于如何开发虾夷提出了系统的郡县制主张，他指出"以大日本国之号迁至东虾夷内之勘察加，借古日本国之国号置郡县，副诸有司，怀柔土人……郡县诸有司之选举，无论大身、小身、配臣、庶人、匹夫，凡有志望者皆可举用"①，此时的封建、郡县论已受到西洋行政体制的影响，超出了近世封建、郡县论的范围，带有明显异于幕藩体制的新国家构想。外来危机还使本多利明打破了幕藩体制下的"藩国""天下"观念。意识到俄罗斯南下对于虾夷的威胁后，他在《虾夷拾遗》中就已经提出了"日本""日本国"；在《虾夷开发上书》中，更是提出了"大日本帝国"，这已具备了民族国家观念的雏形。但是，这种原始的国家意识还只是简单地嫁接于西洋印象之上，并未从德川日本的实际去考量，本多意识中的国家典范只是当时西洋殖民帝国的翻版。唐纳德·金因此对本多评价道："本多的地理知识与同时代的大部分人相比的确非常优秀，但却因为他奇怪的弱点而被打了折扣，很明显，这个弱点就是他总是试图把自己所有的地理知识密切联系到他的'帝国'思想的宣传上。"②

　　水户学代表人物会泽正志斋在《新论》中突出了变革封建制的必要性，"夫方今天下有封建之势者，固太祖所以制治也，东照宫以忠孝立基者，天祖之所以垂彝训也，苟能因人心之所不可磨灭者，而立之规制，原于神圣，所以经纶天下之意，经土地、制人民，正君臣之义，敦父子之亲，范围天下，以为一身，岂甚难为哉，此乃千载之一时必不可失之机也"③，呼吁将土地、人民统一在君臣有序的国家中，实现以内治来抗外扰。而赖山阳在《新策》中突出封建、郡县都是时势变化发展的产物，他指出封建最初的起源在于各部落割据而治，而后随着大化改新和王权对全国的控制逐渐转变为郡县制，"本朝封建其末久矣，邃古之史，往往有称某国君者，盖鸿荒而末相袭为君长，此岂封建所源邪……至大化、白凤之际，则海国为守

---

① 本多利明：「西域物語」. 家永三郎等：『日本思想大系 44 本多利明·海保青陵』. 東京：岩波書店，1982 年：第 161 頁。

② 唐纳德·金 著，孙建军 译：《日本发现欧洲：1720—1830》. 南京：江苏人民出版社，2018 年：第 97 页。

③ 会沢正志斋：「新論」. 大日本思想全集刊行会：『大日本思想全集』第 17 卷 . 1932 年：第 405 頁。

介据目治之，考课易置而海内为郡县矣"①，而后再度转为封建是因为土地归于地方，实权也由天皇家族旁落到豪族和武家，"侵柄国守之令而各自治，迺刹毫之大者，或负险睢，甚则植栅执兵，动抗王命"②，"北条氏之世，郡县之制以坏而封建之势渐焉"③，而到了秀吉施行检地之后，又逐渐统合豪强改变封建割据的状态，"丰臣氏能之宰天下概此类也，起能速定封建之势……于是丈量田亩，一变古法……此固封建之势而变者也"④，最终他得出结论，"封建势也，制势人也，顾人谋如何而已"⑤。

佐藤信渊基于为幕府服务的初衷，提出了变革体制的倡议。在《混同秘策》中，他针对商品经济和外来危机给幕藩体制带来的冲击，建议"皇城位中央，西设皇庙，东置大学校，北置教化台，南设神事台，又其南置太政台，学校之东列农事奉行、物产奉行、百工奉行、融通奉行四府，西北有陆军奉行府，陆军三十六营悉数围绕皇城西北，东南有水军奉行府，水军三十六营悉数围绕皇城东南……"⑥，这虽然在形式上是对古代天皇制国家官制的复制，但实则是意图通过建立完备的中央权力体系，进而强化国家机器。而在与国学联结的殖民设想中，他赋予日本以无限的优越性，"故以根本为经纬，则全世界皆为郡县，万国之君皆为臣仆"⑦，为此他甚至还详细制定了混同中国的"征讨方案"⑧。可见，佐藤的攘夷思想与国家意识中不光充斥着空想，还具有极其浓厚的扩张主义色彩。

基于危机意识开始形成有别于传统幕藩体制的近代国家构想。近世后期的知识分子一方面意识到了国家集权的必要，倡议通过郡县制建设有力的中央政府并由中央主导拓殖与产业政策；他们还跳出幕藩体制限制下的

---

① 頼山陽撰、杉本貞健校写：『新策』1. 京都：菱屋友七刊本，1855 年：第 7 頁。
② 頼山陽撰、杉本貞健校写：『新策』1. 京都：菱屋友七刊本，1855 年：第 8 頁。
③ 頼山陽撰、杉本貞健校写：『新策』1. 京都：菱屋友七刊本，1855 年：第 9 頁。
④ 頼山陽撰、杉本貞健校写：『新策』1. 京都：菱屋友七刊本，1855 年：第 11—12 頁。
⑤ 頼山陽撰、杉本貞健校写：『新策』1. 京都：菱屋友七刊本，1855 年：第 13 頁。
⑥ 佐藤信淵：「混同秘策」. 滝本誠一編：『佐藤信淵家学全集』中巻. 東京：岩波書店，1926 年：第 211 頁。
⑦ 佐藤信淵：「混同秘策」. 滝本誠一編：『佐藤信淵家学全集』中巻. 東京：岩波書店，1926 年：第 195 頁。
⑧ 佐藤信淵：「混同秘策」. 滝本誠一編：『佐藤信淵家学全集』中巻. 東京：岩波書店，1926 年：第 195 頁。

藩国意识，强调把日本作为一个整体，在一定程度上改变了日本型华夷观和传统封建、郡县论的认知。到了幕末，随着攘夷情势的加剧和变化，这种封建、郡县论与尊皇的绝对主义王权结合起来，为明治时代废藩置县打下基础。

结　语

　　近世日本的封建、郡县论是在借鉴中国历代批判封建论的基础上，结合现实幕藩体制的合理性与否，进行的自我诠释与变革。近世初期，无论山鹿素行的名褒封建实崇郡县，还是熊泽蕃山、伊藤仁斋强调以"时处位"和今时今制来衡量封建、郡县的好坏，都是为打破割据局面、确立统一秩序的幕藩体制寻求最佳的统治理论依据。到荻生徂徕及弟子系统论证三代之制的封建优于秦汉以后的郡县时，现实的幕藩体制已受到元禄时代之后庶民文化与商品经济的冲击，他们在华夷倒置的思想基调下一方面突出幕藩体制复古制、崇法度、尚人心的优越性，一方面推崇"作为"、"道术"与"法度"，突出幕藩体制因时制宜、随时变法的优势，为脱离儒学以道德治政为中心埋下了伏笔。到近世后期，在合理主义思想、庶民参政意识和西洋知识蔓延的促动下，封建、郡县论已具有明显批判身份固定、等级森严、行政松散幕藩体制的特质，青木昆阳、山片蟠桃和中井竹山的主张既延续了古学派崇尚制度的立论基础，又进一步强调了基于本土情势和风土的"自然"封建制的合理性。而随着西方殖民进程的加快和海防、攘夷意识的觉醒，以本多利明、佐藤信渊为代表的知识人士更赞同集中权力的郡县制度，他们构建出打破藩国、天下观念，推行中央引领地方并向外拓殖的新国家构想，这不仅为明治时代废藩置县、建立绝对主义国家奠定基础，也为集权帝国的侵略扩张埋下了伏笔。

古代日本歌垣神婚考[*]

——以日本始祖"伊邪那岐"和"伊邪那美"的
绕柱对歌为例

杨敬娜^{**}

[摘 要] 日本始祖"伊邪那岐"和"伊邪那美"的对歌非常有特点。这主要表现在有方向性地绕"柱"对歌上。关于始祖以上的行为意义,首先,古代日本曾经应该存在与"柱"相关的婚俗;其次,神婚对歌中的"握手"行为,其实隐含着男女交合的象征意象;最后,神婚场域中的"方向性"应该是日月循环交替的象征,这有利于男女交合。

[关键词] 古代日本 歌垣神婚 柱 牵手 方向性

日本古代把歌曲的对唱行为称作"歌垣"、"歌场"和"嬥歌",而中国叫作"对歌"。为便于讨论,本文暂且把中日这种对唱习俗统一称为"对歌"。

"记纪神话"中记载了日本始祖"伊邪那岐"和"伊邪那美"的神婚,情节大致如下:二神相背,一边绕天之御柱,一边对歌。对歌时女神"伊邪那美"先唱,于是生下残疾孩子。占卜得知缘由后,二神重新绕天之御柱,改由男神"伊邪那岐"先唱,这才顺利地完成了生命繁衍和国土创造。由此可见,日本始祖的神婚对歌中隐含着各种文化意涵。

由于古代日本对歌的相关文献极少,难以解明日本始祖对歌的特点。但是,对歌习俗不是日本特有的,中国自古也有对歌习俗,因此可以借助中国相关资料进行研究。本文主要借用文学人类学提倡的"四重证据法"

---

* 本文系 2019 年山东建筑大学博士基金"中日交流史视角下的古代日本歌垣研究"项目(项目号:X19011S)的阶段性成果。

** 杨敬娜:山东建筑大学外国语学院讲师,研究领域为对歌研究、中日文化与文学比较研究。

中的一重、三重和四重证据展开研究，具体看来，本文将重点参考作为一重证据的日本《古事记》、《日本书纪》和《万叶集》等古代文献以及古代中国《诗经》等，并综合性地考察作为三重证据的现代贵州苗族的民俗相关的田野调查资料、少数民族对歌习俗与歌词，以及作为四重证据的考古发现的伏羲画像砖、铜铎及其纹样等，全方面地探讨日本始祖"伊邪那岐"和"伊邪那美"的神婚对歌。

一 神婚对歌与柱和山

萩原秀三郎指出："在伊邪那岐、伊邪那美创造国土的神话中，我们可以看到他们绕'天之御柱'而交谈，这种婚姻礼仪其实就是对歌。"[①] 二神的"对歌"发生在绕"天之御柱"的神婚过程中，所以"对歌"必然与"天之御柱"有关。

对于二神绕柱神婚的缘由，《古事记》注二四解释道："在婚姻礼仪中，还不确定有无绕柱的习俗，但这有可能是具有某种咒术意义的宗教礼仪的绕柱习俗。"[②] 至于这是何种"咒术意义的宗教礼仪的绕柱习俗"，《日本书纪》注十七则引用了松本信广的观点："云南省的苗族在春祭之时，会在山上立起丰饶之柱，男女围绕在它的周围跳舞，唱与性相关的歌曲。这应该是与之类似的婚姻礼仪。"[③] 笔者赞同松本的推测，但对上述的"还不确定古代日本是否有绕柱的婚姻礼仪"这一解释有异议。因此，结合日本古代对歌的歌词来考察一下该婚姻礼仪。

日本"记纪歌谣"中反复出现"仓椅山"和"杵岛岳"，《万叶集》中出现的"吉志美岳"也与它们有关。但是，这却没有受到学界的重视。

　　A. 梯立の　倉椅山を　嶮しみと　岩懸きかねて　我が手取ら

---

①　萩原秀三郎：『稲と鳥と太陽の道—日本文化の原点を追う』. 東京：大修館書店，1996年：第189頁。

②　倉野憲司、武田祐吉校注：『古事記　祝詞』. 東京：岩波書店，1958年：第53頁。

③　坂本太郎校注：『日本書紀』上. 東京：岩波書店，1986年：第80—81頁。

すも①

　　（译文：梯立仓椅山陡峭又峻险攀爬悬岩快来牵我手）

　　B. 梯立の　倉椅山は　嶮しけど　妹と登れば　嶮しくもあらず②

　　（译文：梯立仓梯山陡峭又峻险与妹同登虽险无妨）

　　C. 梯立の　嶮しき山も　我妹子と　二人越ゆれば　安席かも③

　　（译文：梯立险山与妹同攀二人一起自觉心安）

　　D. 霞降る　杵嶋の岳を　さがしみと　草取りかねて　妹が手を
取る④

　　（译文：霞降杵岛岳山崖险又峻本想抓草却牵到妹手）

　　E. あられふり　吉志美が岳を　嶮しみと　草とりはなち　妹が
手を取る⑤

　　（译文：霰降吉志美岳山崖险又峻本想抓草却牵到妹手）（笔者
译，下同）

　　以上和歌中的"妹が手を取る"（牵到妹手）是对歌中的常用语句⑥。
《日本书纪》注："D 是在杵岛岳进行的对歌，歌谣 C 本来就是对歌。"⑦
由此可见，以上歌谣的产生最初应该都与对歌习俗有关。

　　"仓椅山是奈良县樱井市仓桥西南的山"⑧，而"'吉志美が岳'与 D
中'杵嶋の岳'的发音相似，所以有可能是肥前国实际存在的'杵嶋の
岳'的名字的误传"⑨。也就是说，"吉志美岳"很可能就是"杵岛岳"，
以上五首和歌中其实只出现了"仓椅山"和"杵岛岳"这两座山名。而且
这五首和歌都与青年男女的婚恋有关。

①　山口佳紀、神野志隆光校注訳：『古事記』. 東京：小学館，1997 年：第 301 頁。
②　山口佳紀、神野志隆光校注訳：『古事記』. 東京：小学館，1997 年：第 301 頁。
③　小島憲之他校注訳：『日本書紀』2. 東京：小学館，1994 年：第 58 頁。
④　植垣節也校注訳：『風土記』. 東京：小学館，1997 年：第 528 頁。
⑤　中西進：『万葉集　全訳注原文付』. 東京：講談社，1984 年：第 223 頁。
⑥　土橋寛：『古代歌謡全注釈 古事記篇』. 東京：角川書店，1972 年：第 269 頁。
⑦　小島憲之他校注訳：『日本書紀』2. 東京：小学館，1994 年：第 58 頁。
⑧　土橋寛：『古代歌謡全注釈 古事記篇』. 東京：角川書店，1972 年：第 268 頁。
⑨　横山かすみ：「上代歌謡の相互関連性：〈梯立の倉梯山〉を中心にして」. 『弘前大学国
　　語国文学』1997 年第 19 期：第 28 頁。

迄今为止，研究者大多着眼于"仓椅山"和歌的传播方向，但笔者关心的是以上五首和歌反复以"仓椅山"和"杵岛岳"为背景的缘由。由于"仓椅山"被训读为"くらはしやま"（kurahashiyama），所以"椅"等同于"梯"。白川静指出，"古代日本在叫作梯立的地方举行对歌。'有神升降的神梯前，可以说是神与人相互交流的地方'"①，而"圣梯则是脚踏的柱子"②。由此可见"梯"与"柱"相关。

此外，《日本书纪》中还有"树梯"一词，出自"天之神库随树梯之"，被解释为"神通过该梯降临。'树梯'同'梯立'"③。在古代日本人的意识中，"梯"像"树"一样纵向延伸。《说文解字注》曰："（梯）木阶也。阶、梯也。阶以木为之。便于登高。从木。"可见"梯"确实如其字形所示，与"木""树"有关，而且汉字"梯"的字形也体现出其自身的垂直竖立、直指苍天状。因此，笔者认为古代日本的"神梯"具有"世界树"或者说"宇宙树"的特点，神可以通过"梯"上下往来，"仓椅山"其实便是这样一座神与人交流沟通的神山，也是"世界树"或通天柱的象征。

此外，"仓椅"一词的构成也很有特点。"仓"是"粮仓""谷仓"等放置农作物的场所，而"椅"（梯）则具有"世界树"的特点，那么"仓椅"一词是不是暗示出作为"世界树"的"椅"具有保证丰产的咒术性宗教意义呢？若是这样的话，就与上述松本所指的柱的宗教咒术意义相一致。此外，由《日本书纪》"崇峻天皇五年十一月"条得知，天皇被葬于"仓梯冈陵"④，在仓梯山设置皇陵也直接说明仓梯山的神圣性和临界特点，这与举行对歌的另一个场所"市"的性质极其相似⑤。"仓椅山"位于一个与灵界毗邻的地点，具有"世界树"的特点。

"仓椅山"出现在和歌 A、B、C 中，而在和歌 D、E 中的却是"杵岛岳"。这五首和歌的内容相似，可见在古代日本人的意识中，"仓梯山"和

---

① 白川静：『漢字百話』. 東京：中央公論社，1978 年：第 41—43 頁。

② 白川静：『中国の神話』. 東京：中公文庫，1986 年：第 34 頁。

③ 小島憲之他校注訳：『日本書紀』1. 東京：小学館，1994 年：第 330 頁。

④ 坂本太郎校注：『日本書紀』下. 東京：岩波書店，1986 年：第 170 頁。

⑤ 杨敬娜：《中日古代"市"与对歌之关系考析》.《日语学习与研究》2018 年第 2 期：第 49 页。

"杵岛岳"是对等的①。其实，这点从其山名也可以判断出来。"杵岛岳"虽然不高，但和歌 D 却表明杵岛岳是一座"云霞"降落于此的"高"山，而且"和歌 D 中的女性是仙女，该山是仙女居住的险峻之山"②。

其实，在把山特别是高耸入云的山视为"梯""柱"这方面，古代中日具有相同的想法。从地名也可以看出来，中国有很多以"天柱"命名的地方，如安徽省的天柱山、贵州省的天柱县，日本有福岛县的会津磐梯山。这些名字都把山看作连接天地的媒介。

对于"杵岛岳"这一山名的由来，"与该山的形状——'杵'（きね）（kine）的古语（き）（ki）的形状有关"③。在日本古代文化中，"'杵'的古语是キ。四国和中国叫作キノ，这是从キノオ而来。オ是男性的意思。キネ是其变形"④。而在中国文化中，一般"杵"也被认为是男根的象征，可见"杵"的文化意象在古代中日文化中有相似之处。

《风土记》逸文记载，"三峰相连。名曰杵岛。峰坤者曰比古神。中者曰比卖神。艮着曰御子神"⑤。"御子神"一般被认为是"比古神"和"比卖神"这对夫妇神的孩子。但笔者想进一步补充，或许由于"杵岛岳"带有男根形象，以上"三峰"才以夫妇神和孩子的关系出现。也就是说，"杵岛岳"极有可能是一座能够带来丰产的神山。

综上所述，因为"仓椅山"和"杵岛岳"曾经是举行对歌的神圣之地，所以自然而然地被唱进对歌歌词之中。青年男女之所以会在这两座山旁对歌，就是因为这两座山具有"世界树"或通天柱的意象。由此我们可以断定，日本古代确有"绕柱"结婚的婚俗，而伊邪那美和伊邪那岐绕柱神婚仪式的对歌，就是这种古老婚俗的折射。

① 土橋寛：『古代歌謡全注釈 古事記篇』．東京：角川書店，1972 年：第 268 頁。
② 横山かすみ：「上代歌謡の相互関連性：〈梯立の倉梯山〉を中心にして」．『弘前大学国語国文学』1997 年第 19 期：第 28 頁。
③ 竹生政資、西晃央：「肥前杵島郡の郡名の由来と郡家所在地について」．『佐賀大学文化教育学部研究論文集』2008 年第 13 期：第 203 頁。
④ 堀井令以知：『日本語語源辞典』．東京：東京堂出版，1984 年：第 47 頁。
⑤ 秋本吉郎：『風土記』．東京：岩波書店，1958 年：第 515 頁。

二 神婚对歌与"握手"

日本始祖伊邪那美和伊邪那岐的神婚对歌中，还伴有"握手"行为。《日本书纪》记载：

> 一書曰、陰神先唱曰、妍哉、可愛少男乎。便握陽神之手、遂為夫婦。[1]

伊邪那美和伊邪那岐通过对歌"握手"结为夫妇。在这里，对歌、"握手"、结为夫妇这三者之间具有关联性。

通过整理古代日本对歌的相关资料，笔者发现男女间的"握手"是对歌歌词中常见的主题，和歌 E 中就有"妹が手を取る"。土桥指出："'女起曳其臂促膝坐'与《常陆国风土记》中的童子女松原一条，以及小田里一条的'携手促膝'相同。在我国男性牵女性手的情况较多。在《肥前国风土记逸文》的杵岛岳一条中有'携手登望'，其歌唱到'草取りかねて妹が手を取る'（笔者译：本想抓草却牵住妹手），《古事记》中海石榴市的对歌物语中有'取……美人手'，这都是男性的意思表达。"[2]

"牵手"（"执手""携手"）的主题也常见于中国古代对歌中。《诗经·邶风·北风》曰：

> 北风其凉，雨雪其雱。惠而好我，携手同行。其虚其邪？既亟只且！
>
> 北风其喈，雨雪其霏。惠而好我，携手同归。其虚其邪？既亟只且！
>
> 莫赤匪狐，莫黑匪乌。惠而好我，携手同车。其虚其邪？既亟只且！

---

[1] 小岛宪之他校注訳：『日本書紀』1. 東京：小学館，1994 年：第34頁。

[2] 土橋寛：『古代歌謡と儀礼の研究』. 東京：岩波書店，2002 年：第385—386 頁。

诗中有"携手同行""携手同归""携手同车"。该诗以"北风、风雪的异常状态，比喻不稳定的爱情，暗示危险的关系"①。

又有《诗经·郑风·遵大路》曰：

> 遵大路兮，掺执子之祛兮，无我恶兮，不寁故也！
> 遵大路兮，掺执子之手兮，无我魗兮，不寁好也！

这也是一首恋歌，这是"在村镇的大路上，追赶着恋人的引诱之歌"②，诗中有"掺执子之手兮"，郑玄笺："言执手者，思望之甚也。"可见古代中国的对歌中常见"牵手"或"携手"。

另一方面，由土桥采集的民谣可知，"牵手"这一主题也常见于现代日本民谣。例如：

> いかに早乙女、早苗取るとて手を取るぞをかしき③
> （译文：多么美的插秧少女呀，拿取着秧苗，但多想牵你的手）

这是一首情歌民谣，民谣通过"手を取る"与"苗取る"形成对比，画面感非常生动。与此相对应，根据工藤隆、冈部隆志进行的中国少数民族"对歌"实地调查报告，"牵手"在现代中国少数民族的对歌歌词中也很常见。下面来看一小段完整的对歌歌词，这是白族男女在湖畔的小道上进行的对歌：

> 〔38 女〕可以一起去，但是你要牵着妹妹我的手
> 牵起我的手的话，我就想去
> 牵起我的手的话，我就会跟在你身后，跟你一起去
> 这样的话，就会看起来很有面子
> 〔39 男〕牵你的手回去的话，不会被你的丈夫看见吗

---

① 白川静：『詩経国風』. 東京：平凡社，1990 年：第 162 頁。
② 白川静：『詩経国風』. 東京：平凡社，1990 年：第 266 頁。
③ 土橋寛：『古代歌謡論』. 東京：三一書房，1971 年：162 頁。

一起回家吧

不要去外面的地方

如果你有一起去的用器，你可以<u>牵</u>着我们的<u>手</u>

〔40 女〕如果<u>牵</u>着我的<u>手</u>回去的话，

我就和我的朋友在这里分别了

当然我会被朋友说

但是怎么办才好呢①（原文日语，笔者译，下划线笔者加）

    总而言之，"牵手"这一主题在中日两国的对歌文化中相通。不过，为什么对歌中会如此频繁地出现"牵手"这一主题呢？土桥曾认为，"在杵岛岳的歌中，由于山险峻无法采摘花草，却想要牵妹妹的手，该惯用语的使用含有滑稽成分。（同时，还有另一种滑稽，这就是男性虽然在登山，却还想要牵女性的手。）"②，"找某种借口来牵女性的手，这种可笑之处虽然不合理，但却可以成为笑料"③。现在，研究者大都从此说，如曹咏梅也认为这些歌谣具有"让人发笑的特性"④。

    但是，若是为了"引人发笑"，那为什么要特意使用"牵手"这一表达方式呢？通过"某种借口"，特别是通过某些肢体动作达到引人发笑的效果的话，应该还有其他的肢体动作可以替代，未必只限于"牵手"，所以笔者认为其意义并不仅仅如此，其背后应该有某种更深层的原因。

    讨论到这里，笔者不禁又联想到前文引用的《日本书纪》的"握手"情节。"在该创造国土的神话中，首先被注意到的是伊邪那美和伊邪那岐作为男女媾生的神，与人类生活中的夫妇关系完全相同。这是性行为的结果。"⑤ 但是，这一行为的"灵感"从何而来呢？根据《日本书纪》的记载，伊邪那美和伊邪那岐通过模仿鹡鸰鸟的"交配"而学会了交合⑥。所

---

① 工藤隆、岡部隆志：『中国少数民族歌垣調査全記録〈1998〉』. 東京：大修館書店，2000 年：第 153—154 頁。

② 土橋寬：『古代歌謡全注釈 古事記篇』. 東京：角川書店，1972 年：第 269—270 頁。

③ 土橋寬：『古代歌謡論』. 東京：三一書房，1971 年：第 162 頁。

④ 曹咏梅：『歌垣と東アジアの古代歌謡』. 東京：笠間書院，2011 年：第 48 頁。

⑤ 水野祐：『日本神話を見直す』. 東京：学生社，1996 年：第 112 頁。

⑥ 坂本太郎校注：『日本書紀』下. 東京：岩波書店，1986 年：第 84—85 頁。

以此处的"握手"等同于"性交"，这是男女性行为的象征。通过"握手"媾和，才有了后文的"遂为夫妇"这一结果。伊邪那美和伊邪那岐也是通过"握手"行为来完成创造国土和生殖繁衍的任务的。

其实，这点也可以从日本始祖伊邪那美和伊邪那岐的名字看出。吉野裕子指出，伊邪那岐（IZANAGI）和伊邪那美（IZANAMI）名字中的"NAGI""NAMI"都是蛇①。而蛇的"握手"并产生生命的行为，显然是"交尾"活动的象征表达。

那么，"握手"等同于性行为的用法是否也见于中国的对歌文化中呢？"握手"的肢体动作多见于中国古代的"连臂踏歌"。左太冲《魏都赋》曰："或明发而耀歌，或浮泳而卒岁。"关于"耀歌"，何宴曰："巴子讴歌，相引牵连手而跳歌也。"② 汉刘歆《西京杂记》曰："十月十五日，共入灵女庙，以豚黍乐神，吹笛击筑，歌《上灵》之曲。既而相与连臂，踏地为节。"③ 宋陆游《老学庵笔记》载："醉则男女聚而踏歌。农隙时至一二百人为曹，手相握而歌。"④ 由此可见，"连臂""连手""握手"也是踏歌的一个特点，"连臂"与"握手"具有对等关系。

至于为什么"踏歌"时还伴有"连臂""握手"的肢体动作，这或许可以从古代中国对"手臂"的认识中看出一些线索。《淮南子·说林训》载："黄帝生阴阳，上骈生耳目，桑林生臂手，此女娲所以七十化也。"⑤ "桑林生臂手"一句值得特别注意。"桑林"生出的是"臂手"，而不是"阴阳"和"耳目"。众所周知，在中国，"桑林"自古就是社祭、男女性爱的狂欢圣地，所以"桑林"和"臂手"应该与情爱、性爱有关。

而且，巧合的是，我国的"伏羲""女娲"亦是人首蛇身，与上述的日本始祖伊邪那美和伊邪那岐的"蛇"身份极其相似。所以，"伏羲女娲交尾图"有助于我们进一步思考日本始祖伊邪那美和伊邪那岐的"握手"的意义。

"握手"的主题可以从"伏羲女娲交尾图"中找到考古依据。"汉墓

① 吉野裕子：『吉野裕子全集』第 4 卷．東京：人文書院，2007 年：第 102 頁。
② 任继愈主编：《中华传世文选昭明文选》．长春：吉林人民出版社，2007 年：第 109 頁。
③ 详见葛洪等撰，熊宪光选辑、点校：《古今逸史精编（西京杂记等八种）》．重庆：重庆出版社，2000 年：第 120 頁。
④ 陆游撰，李剑雄、刘德权点校：《老学庵笔记》．北京：中华书局，1979 年：第 45 頁。
⑤ 刘安等：《淮南子》．长沙：岳麓书社，2015 年：第 175 頁。

画像石上的伏羲女娲像现见者有三种形式：其一为伏羲女娲人首蛇身做交尾状、手捧日月之像……。其二为伏羲、女娲人首蛇身交尾像，手执规矩以规划天地，二人身后上部有二小人握手图像……。其三，为伏羲女娲人首蛇身交尾，手执规矩，在伏羲女娲二像臂下，有一小儿手曳其袖，中间夹一小儿图像。"① 其中，笔者特别注意到在第二种形式中，伏羲和女娲身后有"握手"的小人图像。在交尾的伏羲女娲身后再设两个"握手"之态的小人，可见"交尾"与"握手"具有相同的含义。

另外，1976 年 4 月，在四川省成都市金堂县城厢区发现了一座东汉晚期条形画像砖墓，内有伏羲女娲图像砖。刻于其上的伏羲女娲图像造型比较独特，即伏羲女娲"二者相对，各伸一指连接，状似握手"② ，可见"握手"主题也反映在"伏羲女娲交尾图"中。

因此，笔者认为，"伏羲女娲交尾图"中的"握手"与二人的"交尾"具有对应关系，不论是第二种形式伏羲女娲后面两个小人的"握手"，还是伏羲女娲各伸一指"相连"的"握手"，都象征着伏羲女娲二人的"交尾"，而"握手"的"小人"则是通过伏羲与女娲的性行为而产生的新生命。因此我们可以说，中国古代也有以"握手"象征性行为的意象。

对歌歌词中的"牵手""握手"主题，不仅可以带来戏谑、引人发笑，还可以象征男女的交合。虽然现代对歌中唱到"牵手"等歌词时，几乎看不到其原来的象征意义，但在很多情况下，"牵手"仍然与婚恋有关。比如，最常用的莫过于表示恋人分与合的"分手"与"牵手"两个词。还有，当人们在形容理想的婚恋状态或者表示对新婚夫妇的祝福时，中国人经常用到"执子之手，与子偕老"。此外，在上述工藤隆等人采集的现代中国少数民族的对歌中出现的"牵手"，几乎也都与男女婚恋有关。

三　神婚对歌与绕柱的方向性

对于上述二神绕"天之御柱"的具体行为，《古事记》是这样记述的：

---

① 庄鸿雁、张碧波：《从中国的石棚到欧洲的巨石阵——灵石崇拜文化探秘》.《学理论》2009 年第 20 期：第 121 页。

② 程万里：《汉画伏羲女娲图像艺术学研究》.《艺术百家》2012 年第 4 期：第 202 页。

"如此之期、乃詔、汝者自右廻逢。我者自左廻逢。"① 《日本书纪》的记载也大致相同："陽神左旋、陰神右旋。分巡国柱、同会一面。"② 可见，该绕柱行为具有一定的"方向性"。河合隼雄指出，"在最初的仪式中，女神自左男神自右绕柱而行。而且，重新绕柱时却相反，男神自左女神自右绕柱而行"，并认为这是"受到了古代中国儒家男左女右的尊卑思想影响"。③ 但是，还有一点需要注意，二神在绕柱的途中没有变换方向，而且"记纪神话"没有描述二神的腿部动作，仅记载二神相背绕柱的"方向性"。笔者认为，这样的记述是在强调"方向性"。

与"记纪神话"类似的情节同样见于黔东南苗族的创世神话中，作为哥哥的姜央自左，作为妹妹的姜妹自右，二人以不同的方向旋转对唱情歌，然后结合在一起。那么，为什么以上的兄妹始祖对歌旋转都讲究一定的"方向性"呢？

苗族对"方向性"的执着还见于本民族服饰纹样中常见的"涡纹"。而古代日本的铜铎上也刻画有"涡纹"。并且，日本的涡纹与中国古代的涡纹有着很深的历史渊源。李国栋考证，"日本神户市樱丘遗址出土的六号铜铎上出现了S纹和四头涡纹的组合。而S纹产生于稻作文化传播期，是长江中下游苗越两族所共有的纹饰，但四头涡纹则不同，它只与苗族大迁徙相关。该第六号铜铎为我们研究苗族与日本古代日本的关系提供了一个重要的时限参考，使我们终于在历史坐标中找到了研究两者关系的交叉点"④。因此，笔者认为日本远古涡纹与苗族有关，参考苗族"涡纹"纹样，有助于我们理解伊邪那美和伊邪那岐绕柱的"方向性"。

关于"涡纹"的意义，石田英一郎和萩原的观点也很有启发性。石田在考察"Mal'ta象牙板上刻画的涡纹"时，指出"反方向的S形纹样表示月亮的盈亏"⑤，萩原在考察湘西土家族茅古斯活动中的顺时针与逆时针相

---

① 倉野憲司、武田祐吉校注：『古事記　祝詞』. 東京：岩波書店，1958年：第54頁。
② 小島憲之他校注訳：『日本書紀』1. 東京：小学館，1994年：第24頁。
③ 河合隼雄著，河合俊雄他訳：『日本神話と心の構造：河合隼雄ユング派分析家資格審査論文』. 東京：岩波書店，2009年：第33頁。
④ 李国栋：《稻作背景下的贵州与日本》. 贵阳：贵州人民出版社，2012年：第62~63頁。
⑤ 石田英一郎：『河童駒引考：比較民族学の研究』. 東京：東京大学出版会，1966年：第76頁。

结合的旋涡式舞蹈后指出："该旋涡应该是与日月运行结合在一起的丰产象征。"① 综合上述观点，苗族的顺时针和逆时针的涡纹纹样很有可能象征太阳和月亮的运行，日月的稳定运行才是农作物得以丰产的根本保证。同时，日月的交替运行也可以表示昼夜的循环往复，反映到顺时针和逆时针的涡纹图样中，则自然是连续的纹样。

其实，苗族用相异的"方向性"来表示时间的循环反复还见于苗族的"双鸟负日"的刺绣纹样中。苗族"通过鸟头朝向各异的两只鸟来背负太阳，象征着日出日落和循环往复的时间"②。因此，在承认苗族纹饰的"涡纹"与日本古代铜铎的"涡纹"相关的基础上，我们可以推测出伊邪那美和伊邪那岐二神绕柱的"方向性"所具有的文化意义，即通过方向相异的绕柱行为象征日月的运行、昼夜的交替和时间的循环，从而为国土的"创造"、生命的"繁衍"提供最基本的保障。

结　语

通过以上的探讨，我们终于阐明了"记纪神话"中伊邪那美和伊邪那岐神婚对歌的特点，具体归纳如下。

第一，以古代日本对歌歌词中常见的"仓梯山"与"杵岛岳"为线索，阐明了它们所具有的"世界树"的本质，并由此知晓日本古代存在绕柱结婚的婚俗。

第二，日本始祖的神婚对歌过程伴有"握手"行为，"握手"（"牵手""携手"）的主题也常见于古今中日两国的歌谣中。两者寓意相同，都象征男女间的性行为。

第三，日本始祖的神婚对歌亦讲究"方向性"，其本质是模拟日月交替运行，祈求交合顺利、"创世"成功。

"世界树"即通天柱，通过"世界树"可与天上的祖神交流。因此，

---

① 荻原秀三郎：『稲を伝えた民族：苗族と江南の民族文化』. 東京：雄山閣出版，1987 年：第 173—174 页。

② 杨敬娜：《解析河姆渡遗址双鸟负日中"双鸟"的文化意涵》.《成都师范学院学报》2015 年第 2 期：第 104 页。

日本始祖的绕柱神婚肯定有与祖神交流、请祖神见证的含义。另外，由于日本古代对歌习俗与我国少数民族的对歌习俗存在诸多相似之处，中日两国的"涡纹"亦存在渊源关系，综合判断，中日两国的对歌习俗存在共同的源头，而且这个源头应该就是苗族等传统少数民族曾经生活过的长江中下游。

书评·书讯

"大抗战"视角下对于日本侵华的观察

——《暴走军国：近代日本的战争记忆》评介[*]

李若愚[**]

[摘　要] 近年来有学者提出从更广阔的角度来探讨抗日战争的"大抗战"概念。《暴走军国：近代日本的战争记忆》正是基于"大抗战"概念来审视日本军国主义的著作。日本军国主义是一系列逻辑悖谬的纠合体。比如日本军队内部的"中国通"群体，他们便在希望获得中国理解的同时坚定地执行着侵略中国的计划。战后，作为政治体制的军国主义虽被肃清，但作为意识形态的军国主义却残存了下来，因而对于日本军国主义的探讨仍具现实意义。

[关键词]《暴走军国：近代日本的战争记忆》　大抗战　军国主义　历史修正主义

新中国成立以来，抗日战争就一直是国内日本研究的核心议题。并且这项研究不仅没有随着越来越多的学者投身其中而日渐枯竭，更为多元的视角反而还在不断为其注入新的活力。比如，从"八年抗战"发展到"十四年抗战"就是我们跳出过去的"中国抗战"视角，站到"世界反法西斯战争"的高度来重新审视抗战的产物。2021 年恰逢作为"十四年抗战"起点的九一八事变爆发 90 周年，作为一名长期从事日本研究的研究人员，

＊ 本文系四川大学创新火花项目库项目"明治政府主导的靖国崇拜构建与军国主义"（项目号：2018hhs－11）、四川大学中央高校基本科研业务费项目"领土问题与日本右倾化的历史根源"（项目号：YJ201834）的阶段性研究成果。

＊＊ 李若愚：四川大学历史文化学院副研究员，研究领域为日本政治外交、日本史、日本思想文化。

笔者也想分享另一种观察抗战的视角——从日本内部来探究其最终走向战争的原因。

一　作为明治维新副产物的军国暴走

在很长一段时间里，对于抗日战争的研究很容易被 1937 年 7 月 7 日这个具体的日期所束缚。然而正如"大抗战"概念的倡导者、《抗日战争研究》杂志主编高士华所指出的："七七事变是日本侵华的总爆发，是其侵华行为日积月累的结果。日本自 1874 年出兵台湾以来，经甲午战争、日俄战争、九一八事变，一步一步发展到七七事变——全面侵华战争，有其内在的侵略逻辑和历史连续性，为了弄清抗日战争的来龙去脉，明治维新以来的中日关系史是必须要研究的。"① 要辨明日本侵华是其长期对外政策的必然结果而非关东军偶然的独断这一观点，就必须要回溯明治维新对近代日本国家塑形的历史。尤其是在某种意义上，明治维新对于日本国家塑造的影响在今天仍在持续。

2018 年是明治维新 150 周年，日本各地纷纷进行相关纪念活动，将作为日本迈入强国行列起点的"明治时代"拱上神坛。及至"改元明治纪念日"的 10 月 23 日，在东京宪政纪念馆召开的日本明治维新 150 周年纪念大会将对明治时代的无条件肯定推向顶峰。

就是在这次大会上，时任日本首相的安倍晋三自豪地宣布："明治时代的人是英勇而果断的，通过不懈的努力和奋斗，向世界展开胸怀，打开了新时代的大门……我国将迎来历史的重大转折点。我们要面向新时代，学习明治人的精神，不畏困难，开拓未来。我决心交给下一代一个和平且富裕的日本。"② 在安倍的话语中，明治时代不再仅仅代表一段过往的历史，甚至还是日本未来发展的方向。

当然，对于明治时代的评价在日本国内也还存在着不同的声音。就在安倍全面肯定明治维新的讲话发表前一天，日本共产党书记局长小池晃就尖锐地指出："侵略战争和殖民地统治与明治 150 年来的前半段历史纠葛

---

① 详见高士华：《坚持做"大抗战史"研究》.《抗日战争研究》2013 年第 1 期。
② 详见日本首相官邸网站：https://www.kantei.go.jp/jp/98_abe/statement/2018/_00034.html。

在一起，将这段历史与战后日本等量齐观的做法，本党无法苟同。"① 然而，自民党与日本共产党在国内舆论界的影响力与两党在日本政坛的力量对比大致无异。如安倍一般，把明治时代视为日本突破西方列强外压，毅然走上近代化道路的观点，早已是日本思想界的主流。在持有这种观点的人看来，明治维新后日本的一切负面历史都只是实现近代化过程中难以避免的副产物，因而不容批判②。

也正是在这样一个时间节点上的 2018 年 5 月，东方出版中心出版了上海图书馆沙青青的《暴走军国：近代日本的战争记忆》一书，之后该书又于 2019 年 3 月由香港中和出版有限公司在香港发行。《暴走军国：近代日本的战争记忆》之所以能在内地出版不久后就被引入香港，在一定程度上意味着内地和香港的读者对于抗战历史的认识产生了共鸣。

在笔者看来，该书很重要的一个目的就是希冀从日本历史的内部逻辑中探寻日本走上侵略道路的原因。因此，该书自然而然地涉及民族主义在明治日本被构建的历史，这在一定程度上也可以算是中国学者对于日本国内对明治时代无限推崇的一种回应。

"暴走"在日语中的原义有"失控"的意思。这既可以指人、指东西，也可以指国家。而该书将暴走的对象设定为"军国"，实际上代表了作者对日本在近代化过程中走上歧路的基本判断，即从明治到昭和前期日本的历史，实际上就是军国主义不断失控并最终"暴走"的过程。最典型的例子是明治以来日本畸形的军政体制。根据明治宪法，内阁包括总理都无权干涉军队内部的一切事务，军队统帅权直属天皇。换言之，只要打着天皇的招牌，日本军方采取一切军事行动均无须征得政府同意。在这个历史背景下，日本军方力量越来越大，以至于最终吞噬了整个国家。直至侵华战争正式爆发，日本终于蜕变为一个名副其实的"军国"。

---

① 详见赤旗：https://www.jcp.or.jp/akahata/aik18/2018-10-23/2018102302_03_1.html。
② 最具代表性的就是沟口雄三站在日本立场上对中国人对日认知的揣度：不管中国人是否意识到，通过控诉日本人的残酷暴行，中国人是在对从自尊心上无法接受的日本人近代优越意识之傲慢进行焦虑的抗议。而且，当中国人站在西洋标准的近代史观上，身处不得不承认日本近代的优越性这一两难之境时，则更加焦虑。所抗议的对象轮廓的不清晰，使得抗议之矢不知何时如同"归去来器"般又刺向自身，于是这时其焦虑便越发严重。详见沟口雄三、赵京华：《创造日中间知识的共同空间》，《读书》2001 年第 5 期。

二　倒错逻辑在军国名义下的纠合

最早接触到沙青青所撰与日本历史相关的论文是《历史研究》于 2010 年刊登的《九一八事变前后苏联对日政策再解读》一文，该文后于 2015 年由《中国社会科学》杂志译为英文，在该刊英文版（*Social Sciences in China*）上再度发表，足见其影响之大。或许与沙青青在中国近现代史的研究中逐步迈入日本史研究的学术背景有关，从他的研究中，总能隐隐感到一种既有别于日本学者，也与国内"传统派"日本史研究者不同的"异样"。一些因习以为常而被忽视的常识，在他的研究中却成了尚可进一步探讨的问题点。作者将"军国主义"这样一个早有如井上清（1913～2001）先生所著《日本的军国主义》等珠玉在前之主题作为研究对象再度提出的问题意识大概也得益于此。

《暴走军国：近代日本的战争记忆》在结构上亦呈现出鲜明的个人色彩。全书第一章之标题"日本最漫长的一天"来自昭和史巨擘半藤一利（1930～2021）的同名著作。从时间看，日本投降前夜所发生的下级军官因不能接受败战而以"天皇被蒙蔽"为由发动的最后一搏，更多是日本侵略战争谢幕前的杂音。而沙青青却敏锐地注意到，这一事件就像"五一五事件""二二六事件"一样，是明治时代所形成的"军国主义失控"顽疾的复发。虽然时间在后，但从逻辑看，"日本最漫长的一天"却是日本向侵略扩张原点的再度回归。只不过穷途末路之际，这样的回归已经不能再给军国主义战争机器带来新的动力。

全书的第二章"203 高地"，将关注点放到了日本民族主义在明治时代的创生，以及以日俄战争为标志的民族主义通过战争的宣泄与再凝结。第三章"奔驰在狂愚之路上"则探讨了在制度设计上那些制约权力的措施是如何在昭和前期逐渐失效这一关键问题。作者将日本缺乏战略规划而发动的全面侵华战争比作莽撞的自杀行为，第四章"'民族切腹'的开始"由此而来。

在第五章"'中国通'的历史宿命"中，作者关注到被称作"中国通"的特殊群体。所谓"中国通"并不如字面意思一样，仅仅代表了他们对中国国情的了解，实际上他们中的很多人还带有近似"亲华派"的复杂对华感情。比如率领第十六师团步兵第三十旅团直接参与南京大屠杀暴行的佐佐木到一（1886～1955），就是一个狂热崇拜孙中山的不折不扣的"中国通"。

但当 1937 年 12 月 13 日，他率部攻占南京，即将向手无寸铁的南京人民举起屠刀之际，他曾站在南京城头讲过这样一段话："明治四十四年我弱冠以来，以解决满洲问题为目标，暗地里一直对国民党怀有敬意，然而由于他们的容共政策，特别是蒋介石依附英美的政策导致与日本绝交，我的梦想也随之破灭。在排日侮日的高潮中饱尝不快，担忧着皇军的命运……等着瞧吧，背信弃义的人日后必将遭天谴，这一点从那时起就成了我坚定的信念，长眠于紫金山中腹的孙文倘若在天有灵，想必会悔恨而泣吧。"

在我们中国人眼里佐佐木到一所言的逻辑显然颠三倒四，但却代表了"中国通"群体对中国的普遍认知。他们对中国的感情与对东亚革命事业的热情都是建立在扩大日本国权的基础上的，因此当"'中国通'最终意识到巩固、扩大日本在华利益的任务与中国近代化奋斗目标本就是一对不可调和的矛盾"，"他们就会转而希望采取更极端的方式来'教训'中国"。[①]"中国通"的逻辑倒错只是近代日本在军国名义下一系列逻辑倒错的缩影，正是这些难以理喻的逻辑纠合在一起，最终形成了暴走的军国。

三 军国主义幽灵与历史修正主义的滥觞

作者对军国主义的探讨并没有伴随着对战争的叙述完结而停止，这应该也是该书最值得称道的地方。作为政治体制的军国主义固然可以随着 1945 年 8 月 15 日的天皇宣布终战而消灭，但作为意识形态的军国主义思想却不可能在一朝一夕就被肃清。时至今日，日本周边国家所担心的军国主义复活，实际上其所忧的也正是潜藏在日本人观念中的那个军国主义烙印。

只是我们通常在讨论这一问题时焦点自然而然地就会转移到日本国内每一个可能藏污纳垢的角落，但作者却通过第六章"'白团'：游荡的军国

---

① 沙青青：《暴走军国：近代日本的战争记忆》. 上海：东方出版中心，2018 年：第 132 页。

幽灵"告诉我们，军国主义在战后的第一个藏身之处恰恰是我们所处的中国。在中国知网上检索，以"白团"为关键词的论文令人惊讶的只有 1 篇，而实际围绕"白团"书写的论文也不足 10 篇，并且大多数论文都是从中国近现代史角度展开的分析，国内出版的最为详细的关于白团的专著《最后的大队：蒋介石与日本军人》① 也是出自日本学者之手。国内日本史研究界对于这一时期日本的研究更多聚焦于战后处理，对抗战胜利后仍潜伏在中国的军国主义，似乎出现了"灯下黑"的盲区。

陷入盲区的不只是后世的研究者，1946 年即开始担任英国驻日代表的盖斯克恩（Alvary Gascoigne，1893～1970）直到 1949 年 12 月才从英国情报部门获悉败退台湾的国民党政权正在日本招募旧日本陆军军官并将他们送到台湾。而当他亲自向麦克阿瑟核实"究竟有多少日本人被国民党请去台湾当雇佣军"的时候，却被告知："这些传闻的始作俑者是塔斯社，毫无根据。或许有极个别日本人为此目的而去台湾，但肯定是通过非法途径。"② 这也暴露出美国虽然在明面上是日本国内战后民主化进程的主要推动力量，但在暗中还兼具着残存在日本以外地区的军国主义分子的保护伞的另一重身份。至于如何在这两种自相矛盾的身份中平衡，则完全视美国的国家利益而定。实际上美国在战后世界体系中对"世界警察"角色的诠释，基本都沿袭了这一准则。对日本的战后改造中掺杂了太多的"美国利益"，这使得改造本身成为妥协的产物。而这种妥协所带来的不彻底性不仅体现在政治制度上，也反映在日本国民的历史认识之中。

《暴走军国：近代日本的战争记忆》的最后两章"军国与靖国"以及"新时代的'二二六'"所围绕的主题，恰恰都涉及二战后日本人如何看待近代以来的战争历史。

关于战后日本人的历史观，笔者认为大致可以分成三种类型：第一类是日本左翼对侵略的反省立场；第二类则是试图通过掩耳盗铃以湮没历史真相的右翼史观；第三类，或许也是持有人数最多的一类，便是日本社会

---

① 详见野岛刚 著，芦荻 译：《最后的大队：蒋介石与日本军人》. 北京：社会科学文献出版社，2016 年。

② 沙青青：《暴走军国：近代日本的战争记忆》. 上海：东方出版中心，2018 年：第 142～143 页。

大部分普通百姓的立场。他们对那段战争历史有着强烈的疏离感、陌生感。战争的历史似乎已经远离当今的日本社会，因此他们也对那段历史变得越来越不关心，既不会如右翼分子那般去叫嚣，也不会意识到有反省的必要。然而，这或许是真正让人感到忧虑的地方。日本国内对明治维新的一片颂扬之声最令历史学者悲哀之处，大概也在于此。

历史哲学视域下的宫崎史学

——王广生著《宫崎市定史学方法论》评介

郭珊伶*

[摘　要]　王广生所著的《宫崎市定史学方法论》作为中国学界第一本关于宫崎史学的研究专著，开创性地从历史哲学层面以宫崎市定的史学方法论为研究对象，系统阐述了宫崎市定的世界史观、史学研究方法及其内在的价值立场。其在呈现出宫崎史学自身的特殊性的同时，也揭示出了宫崎史学所具有的日本近代东洋史学的普遍性特征。通过该著也可发现，宫崎史学的复杂性及其学术价值尚有许多发覆之处，仍有待于我们进一步去深入研究。

[关键词]　王广生　宫崎市定　史学方法论　历史哲学

近年来，日本东洋史学巨擘之京都学派宫崎市定（Miyazaki Ichisada，1901～1995）的著作陆续被翻译成中文出版，从最早1962年刘永新、韩润棠的译本《东洋朴素主义的民族和文明主义的社会》①，到2018年起浙江大学出版社陆续出版的宋宇航译《科举》②、赵力杰译《水浒传——虚构中的史实》③、廖明飞、胡珍子译《大唐帝国：中国的中世》④ 等，呈现出宫

---

* 郭珊伶：东北师范大学历史文化学院博士研究生，研究领域为日本东洋史学京都学派宫崎市定的史学思想。

① 参见宫崎市定　著，刘永新、韩润棠　译：《东洋朴素主义的民族和文明主义的社会》. 北京：商务印书馆，1962年。

② 参见宫崎市定　著，宋宇航　译：《科举》. 浙江：浙江大学出版社，2018年。

③ 参见宫崎市定　著，赵力杰　译：《水浒传——虚构中的史实》. 浙江：浙江大学出版社，2020年。

④ 参见宫崎市定　著，廖明飞、胡珍子　译：《大唐帝国：中国的中世》. 浙江：浙江大学出版社，2021年。

崎市定史学译著的"出版热"趋向，这无疑也显示了中国国内学界对宫崎市定的关注热情。然而，由于宫崎史学涉及面极广，学界对其的研究大多将其作为某领域学术史的一个节点，比如在东洋史学京都学派研究①、内藤学说"唐宋变革论"②、科举及九品官人法研究③及近年的"倭寇论"④等中对其予以提及。另也涌现出不少关于其人其史观的研究成果⑤，但均以研究性论文为主，鲜见关于宫崎市定的系统性研究著作问世。

王广生于 2020 年在线装书局出版的《宫崎市定史学方法论》作为国内学界第一本关于宫崎史学的专著，开创性地从历史哲学层面以宫崎市定的史学方法论为研究对象，对宫崎市定的世界史观、史学研究方法及其内在的价值立场进行了系统性论述。就历史哲学自身而言，其在语义上就逻

---

① 参见钱婉约：《从汉学到中国学——近代日本的中国研究》. 北京：中华书局，2007 年；严绍璗：《日本中国学史稿》. 北京：学苑出版社，2009 年；刘正：《京都学派汉学史稿》. 北京：学苑出版社，2011 年等。

② 参见高明士：《战后日本的中国史研究》. 台湾：明文书局，1987 年；李华瑞：《20 世纪中日"唐宋变革"观研究评述》.《史学理论研究》2003 年第 4 期；李济沧：《"宋朝近世论"与中国历史的逻辑把握》.《中国经济史研究》2017 年第 5 期等。

③ 参见韩昇：《宫崎市定和〈九品官人法的研究〉》.《学术研究》2007 年第 9 期；吴光辉、张凌云：《宫崎史学与科举评价——以〈科举史〉为中心》.《厦门大学学报》（哲学社会科学版）2014 年第 6 期等。

④ 参见郭尔雅：《宫崎市定"去寇化"倭寇观及其反历史倾向》.《兰州大学学报》（社会科学版）2020 年第 6 期；王锐：《借尸还魂——宫崎市定的倭寇论批判》.《中国图书评论》2021 年第 3 期。

⑤ 关于宫崎市定其人其史观的研究成果，如谷川道雄、李济沧《日本京都学派的中国史论——以内藤湖南和宫崎市定为中心》（《史学理论与史学史学刊》2003 年卷）分别对内藤湖南与宫崎市定的史学思想进行论述，并强调宫崎对内藤学说的继承性；李庆《日本汉学史第三部 转折和发展（1945 - 1971）》（上海人民出版社，2010 年）对宫崎市定的生涯进行概述，其后对他中国史分期及具体研究、日本及亚洲史研究进行相关论述，认为宫崎史学主要有以下五个特点，哲学思辨之光，广阔史学视野，重视材料，注重经济史观以及逻辑严密、表达引人入胜；张学锋《"宫崎史学"的东西交通视野》（《江海学刊》2016 年第 5 期）论述其基于东西交通史的立场来认识人类社会的发展历史；吕超《宫崎市定东洋史观的形成——青壮年期的经历及其影响》（《国际汉学》2017 年第 1 期）对宫崎的著述生涯进行了系统的阐述，并论证宫崎青壮年期间的参军经历、游览西方各地的经历对其学术产生的影响。另有该书作者王广生《日本东洋史学家宫崎市定的世界史观》（《国际汉学》2015 年第 3 期）集中考察了宫崎市定的世界史观的构成及形成，并分析其世界史观与中国历史研究之关联；《宫崎市定史学中的民族主义》（《国际汉学》2017 年第 3 期）通过爬梳宫崎壮年时期前的经历，明晰影响其史学思想形成的诸多因子，勾勒出其历史观形成的轨迹。

辑地包含着"人类的过去（历史）"和史学，即关于历史和史学二者的形而上的思考和理论反思①，一般可将其分为史学本体论、史学认识论和史学方法论。该著将史学方法论定义为"一个涵盖了世界观念、手段方法以及价值立场的具有内在关联和统一性的整体概念，进而又论及目前学界对于史学方法论的一般看法和共通认知"②。基于此，著者构建出以宫崎市定世界史观为理论前提、以"交通"和"比较"为主的史学方法路径、以民族主义和"近代"为价值立场、既涵盖宫崎史学特殊性又体现日本东洋史学普遍性的完整的一套方法论体系。在此，本文试图与著者立于同一视域，从宫崎史学自身出发，梳理著者所建构的宫崎市定史学方法论体系，以理解宫崎史学的复杂性及其学术价值；同时亦对该著之优长及问题点，予以析论，或为评骘。

一 世界史观与国家意识形态

历史哲学语境下的世界史观是指史学家对历史本身和史学的理解与认识，实质上属于史学本体论的范畴；而史学方法论是关于历史研究的方式方法的性质特点等相关问题的认识，任何一种史学方法论总是以某种史学本体论为前提的。③ 著者提出宫崎史学方法论的理论前提乃是"世界文化的起源一元论"，而其核心的史学观念或世界观的本质则主要指向其独特的世界史观，即所谓的"世界史（体系）"的认知和立场。④ 基于此，著者首先引用相关著作指出宫崎是从假定推论出发，在思维逻辑而非历史事实层面进行"推演考据"论证该假说。除书中部分相关引证外，宫崎还曾论述道："多重资料的一致性往往能够推导出准确率较高的答案，19 世纪以来楔形文字史料的发现及 20 世纪新史料的发掘都有巴比伦第一王朝及亚述帝国王统年表的记载，能够证实美索不达米亚地区较为确切的古代年份。反之，相比于西亚地区用于记载的石质工具来说，中国古代并没有确

① 周建漳：《历史哲学》．北京：北京大学出版社，2015 年：第 1~2 页。
② 王广生：《宫崎市定史学方法论》．北京：线装书局，2020 年：第 52 页。
③ 庞卓恒：《历史学的本体论、认识论、方法论》．《历史研究》1988 年第 1 期：第 4~10 页。
④ 王广生：《宫崎市定史学方法论》．北京：线装书局，2020 年：第 73 页。

切的关于年份记载的资料流传下来，所以本着实证主义的考据精神，历史学所能追溯的最古的文化，首先发祥于西亚地域。"① 此"实证主义考据精神"实质上是宫崎在思维层面进行的逻辑假设，这一研究风格正是导致宫崎虽强调史学的客观性，却不可避免地造成许多研究与事实脱节的现象。而由此形成的"一元论假说"在宫崎参与编写1942年《大东亚史概说》的过程中得以最终确立，同时也是宫崎世界史意识确立的出发点。②

对于宫崎市定的世界史观，著者概括为"历史本来就是世界史，一切具体研究都是世界史和作为世界史的东洋史"，"以世界史为方法，以中国史研究为指向，最终目的还是日本自身"，并强调其世界史观的形成与国家意识形态密切相关，而这同时也作为其研究中国史的两个基本特征而存在，即世界史的视域和框架以及民族主义立场。③ 著者深刻认识到历史工作者的社会历史观的正确、全面的程度与他在现实社会生活中的实践体验（包括物质生活和精神生活的实践体验）成正比，④ 因此著者从政治背景及宫崎市定的认知渊源探讨其世界史观之形成，并将国家意识形态作为其史学观念形成、确立并运用的重要影响因素予以考量。

著者在论及宫崎市定史学方法论的价值与立场时，对于宫崎史学的主体性分别论述了其民族主义立场与"近代"观念所体现的目的论色彩。关于宫崎市定的民族主义立场，著者认为宫崎参与编写的《大东亚史概说》是为了让日本殖民地民众阅读并宣扬日本文化作为"终点文化"而优越于诸国的观念和世界史观的向"皇国史观"妥协的产物，这反映了宫崎市定史学方法论体系与生俱来的民族主义史学态度和立场⑤。而宫崎的"近代"观念，伴随着近代民族主义的确立，同样也存在于日本近代东洋史学家的发展史观中，为构建人类共通性的"现代性"而明显带有"日本的近代凌驾于亚洲各国之上"的倾向。总之，结合上述宫崎的世界史观之形成与其二战前已确立的国家意识形态和民族主义立场，我们可以得到历史思维层

---

① 宫崎市定：「西アジア文化の古さについて」.『宫崎市定全集』卷20. 東京：岩波書店，1992年：第376—377页。
② 王广生：《宫崎市定史学方法论》. 北京：线装书局，2020年：第99页。
③ 王广生：《宫崎市定史学方法论》. 北京：线装书局，2020年：第194页。
④ 庞卓恒：《历史学的本体论、认识论、方法论》.《历史研究》1988年第1期：第10页。
⑤ 王广生：《宫崎市定史学方法论》. 北京：线装书局，2020年：第154~155页。

面的启示，即宫崎所言之"著者的立场是第三者，其态度隐藏在行与行之间的空白之中，这种将态度隐藏起来的写作容易给读者带来危险"①。可见该书著者不仅发掘出隐藏在宫崎著作中的价值立场，还溯源其世界史观背后的认知渊源及国家意识形态，为我们对其他日本近代东洋史学家的研究提供了借鉴意义。

二　交通史观与比较方法

该著将"交通"与"比较"作为宫崎市定世界史观下两个具体的史学研究方法路径，并认为"交通"既是史学观念，又是方法和手段。在其语境下，史学方法论与史学观念是互为表里、不可分割的关系，不存在不受世界史观指导的史学方法论，也不存在没有方法论意义的史学观念，因而"交通史观"是同时兼具认识论性质与方法论意义的史学观念。著者将"交通"解释为"交 + 通"，并指向两个层面：一是"道路、货币、资本、文化等适用于交流的事项"，二是"逻辑层面的分析比较之中的通论性的把握"，以此表达宫崎史学的整体关联性。② 对于宫崎市定"交通史观"的意义，著者认为主要体现在两个方面，一是西亚世界文明起源一元论假说的基点，二是理解和完成世界史体系作业的路径，③ 这与学界的相关研究相似。中日学界普遍认同"交通将世界连接为一个整体"是宫崎史学不容忽视的观点，并将其意义上升到能够指导其史学研究的世界史观之高度。如张学锋教授称其"交通史观"为"东西交通视野"，并认为"贯穿宫崎史学中国史、亚洲史、世界史的一根主线，不用说，正是其东西交通视野"④，可见"交通史观"在宫崎的世界史观中占据重要地位。

与其意义相称，笔者以为宫崎市定史学方法论的理论前提应是与其世界史观密切关联的"交通史观"，而非著者所言的"世界文化的起源一元

---

① 宫崎市定：「歴史的評価の客観性」.『宫崎市定全集』卷 23. 東京：岩波書店，1993 年：第 62 頁。

② 王广生：《宫崎市定史学方法论》. 北京：线装书局，2020 年：第 113 页。

③ 王广生：《宫崎市定史学方法论》. 北京：线装书局，2020 年：第 113 页。

④ 张学锋：《"宫崎史学"的东西交通视野》. 宫崎市定　著，马云超、张学锋　译：《宫崎市定亚洲史论考杂纂》. 上海：上海古籍出版社，2018 年：第 148 页。

论"。此书之所以将其作为理论前提，是因为该理论直接关系着宫崎对历史研究的区域划分及论述框架。然而理论前提意味着世界史观形成的必要理论条件，著者既然将"交通史观"理解为完成世界史体系的路径，就是承认其对于宫崎世界史观形成的理论建构作用。事实上，宫崎早在1926年便在其恩师桑原隲藏的指导下于《史林》三期连载《东方对西方的影响——中古时期》，抄译乔治·雅各布（Georg Jacob）《东洋对西洋的影响》（Der Einfluss des Morgenlands auf das Abendland），可见宫崎自1922年进入京都大学文学部史学科攻读东洋史，尤其是在拜入桑原隲藏门下后，"交通史观"便已成型。显而易见，"交通史观"作为宫崎市定史学方法论的理论前提，推动着宫崎完整的世界史观体系的建构，而"世界文化的起源一元论"假说与"历史就是世界史"理论乃宫崎世界史观的两大内容。

"交通史观"是"比较"方法的历史前提。王广生将宫崎史学中的"比较"方法精炼地总结为：在其世界史观即世界史的视野与架构之下，运用实证主义、历史阐释学等多种方法和理念，在其独特的"区域划分"（"东洋"、"西亚"和"欧洲"）和"时代划分"（古代、中世、近世和最近世）之下做了大量的综合比较研究。[①] 同时此书以通论为例，阐述"比较"方法在宫崎史学中的横向和纵向运用过程及限度，揭示出宫崎通过"比较"的史学方法以期"从若干现象的比较中拟定普遍法则"的目的。宫崎通过比较东西洋在历史发展中经济、文化、制度上的演进，总结出适用于世界历史发展的"时代区分论"，这不仅体现出宫崎反对"西方中心论"，还体现出其致力于寻找人类历史发展的共通点，力求打破历史研究之间的壁垒，贯通东洋、西亚和欧洲，借此构建整体的世界史体系。

对于"区域划分"中的比较，王广生列举宫崎市定《东洋的朴素主义民族与文明主义社会》[②]，建立"朴素主义民族"与"文明主义社会"二元对立图式，并通过"朴素"与"文明"、"幼"与"长"、"贫"与"富"三组对比，提出宫崎论证朴素主义民族中的"不满"是人类历史发展的动力，

[①] 王广生：《宫崎市定史学方法论》. 北京：线装书局，2020年：第125页。

[②] 参见宫崎市定：「東洋における素朴主義の民族と文明主義の社会」.『宫崎市定全集』卷2. 東京：岩波書店，1992年。

从而得出 "倘欲医治文明病，唯有注入（日本这样的）朴素主义" 的结论。① 究其实，这样的推论并非完全的客观逻辑推理，其无疑掺杂了宫崎因站在民族主义立场而过于片面的主体性，该书通过直观的二元互动对立比较方法的推演，揭示出宫崎隐藏于史学方法背后的民族主义立场与 "近代" 观念，这是值得我们借鉴的。

三 民族主义与历史叙述

著者将历史叙述风格中的 "生动性" 与 "文学性" 概念结合，并透过二者在文字表达上的浅显易懂性及普遍传播性，对宫崎史学中的民族主义予以考察，不可不谓慧眼独具。对于历史叙述中的修辞性及叙述模式，海登·怀特认为："只要史学家继续使用基于日常经验的言说和写作，他们对于过去现象的表现以及对这些表现所做的思考就仍然会是 '文学性的'，即 '诗性的' 和 '修辞性' 的。"② 宫崎市定的历史叙述正是基于日常经验的言说，尤其在解释史学中的抽象概念时，善用修辞与类比手法将抽象概念化为易于理解的语句，并重视史学面向大众的传播和普及，这与其早年担任讲师的教学经验或是密不可分的。

作者引入 "生动性" 与 "文学性" 概念，对宫崎史学中的历史叙述风格予以论析。通过观察其文学性框架的叙事、明快的文笔及流畅生动的风格，探寻这一风格与宫崎史学内在的现实功能。如 1931 年宫崎市定受东亚研究所委托，着手研究 "以科举为中心的清朝官职与官吏铨选制度"，以此为发端出版的《科举——中国的考试地狱》③ 作为普通修养性读物④，以其通俗易懂的语言、丰富的奇闻逸事，成为有口皆碑的畅销书。该书深入浅出地阐释了明清以来纷繁复杂的科举制度，将 "科举" 概念普及到日

---

① 王广生：《宫崎市定史学方法论》. 北京：线装书局，2020 年：第 136 页。

② 海登·怀特 著，陈新 译：《元史学：19 世纪欧洲的历史想象》. 江苏：译林出版社，2013 年：第 3 页。

③ 参见宫崎市定：「科挙——中国の試験地獄」.『宫崎市定全集』卷 15. 東京：岩波書店，1993 年。

④ 砺波护：《新版解说》. 宫崎市定 著，韩昇、刘建英 译：《九品官人法研究——科举前史》. 北京：中华书局，2008 年：第 1 页。

本及欧美,可谓功绩大焉。另有宫崎关于世界史的叙述,"将'西亚'、'东洋'、'欧洲'放在同一个世界史的框架内,处理中日历史关系,西亚历史上的先进性与一直处于落后的欧洲近世才得以领先世界做比照,改变或转移了原有的日本主要受中国等外来文明之不利于表达民族光辉史的事实与印象,且将之比作类似于欧洲后起之优秀民族,更利于表述其作为日本学者想要表述的东洋的历史图景"①。可见,宫崎的史学主体性,即内在的民族主义立场透过其历史叙述风格得以显现,这也启示我们在研究史家时,不可忽视其语言叙述风格,同时可以通过其叙述风格探查其内在"主体性"。

除上述颇值得肯定之处外,更难能可贵的是,此书在论述宫崎市定的世界史体系、史学方法与路径及宫崎史学的价值与立场之后,将宫崎市定放置在日本近代东洋史学发展进程之中,以更为广阔和整体的文化比较和思想史视野,概观其在学术谱系中的位置。就此,著者指出宫崎市定不仅在京都学派内部受到多重性和复杂性的影响,又与东京学派等其他学者进行学术上的交流并受其激发,同时还受到日本近代东洋史学在西方学术思想流变的冲击下的影响。如此产生的"东洋史学"本质上是日本在近代化历程中的一种自我确认和定位的途径与方式,这无疑适用于 20 世纪日本东洋史学研究领域的代表人物宫崎市定②。王广生将宫崎作为日本东洋史学家的个案探讨其史学方法论,其更广阔的视野放置在了日本东洋史学界整体,给予我们在对某个处于群体派系语境中的史家研究时,普遍性与特殊性相互结合与转换的方法论启示。

此外,也需要指出的是,作者尚未将宫崎对客观实证主义史学的执着、史学比较方法层面的美学意识及历史解释学的造诣等重要问题纳入其史学方法论体系,其对宫崎市定史学方法论体系的建构不能不说是有所缺憾的。纵览《宫崎市定全集》,许多篇幅都体现出宫崎对实证主义的坚守,如宫崎主张越是慎重的历史学家越对史料存疑,抱着怀疑的态度去推测和

---

① 王广生:《宫崎市定史学方法论》. 北京:线装书局,2020 年:第 166 页。
② 王广生:《宫崎市定史学方法论》. 北京:线装书局,2020 年:第 230 页。

想象历史的可能性与真实性，这是对客观历史的正确态度。① 而宫崎对艺术、美学的偏好，体现在宫崎众多短篇论作之中，如《永翁之陶》（『永翁の陶』）比较永翁与木米作品的异同，寻找日本趣味与中国趣味的临界点；《四角·六角·八角》（『四角·六角·八角』）阐述东西交通中六角形图案的由来及传播；《木米之砚》（『木米の硯』）分别赏析木米杰出的陶砚等。另有长篇《东洋的文艺复兴与西洋的文艺复兴》以画为媒介，通过比较东西画作的笔触、风格特点，证明西方文艺复兴受东方影响。以上种种表明宫崎对美学的偏好在史学比较方法层面是不容忽视的。对于历史解释学的造诣，笔者以为可集中体现在宫崎晚年沉淀而凝练出的"景气变动周期理论"中，世界通过景气"周期"在纵向上体现出历史发展的共通性，因景气"变动"在横向上连接为统一整体，该理论较为全面地反映出宫崎成熟的世界史观，而书中未对此做详细论述，实属遗憾。

就总体而言，此书在宫崎史学研究学术史上起着总结性与开创性作用。对学界迄今已有的日本近代东洋史学及宫崎市定相关史学理论与方法研究，进行了总结性概述；而从历史哲学层面构建宫崎市定的史学方法论体系，并从方法论角度对日本近代东洋史学谱系进行整体构架，无疑在宫崎史学研究学术史上开了先河，对学界如何从史家个体到史学派系的整体性研究不乏启发和借鉴意义。

---

① 宫崎市定：「歴史的評価の客観性」.『宫崎市定全集』卷 23. 東京：岩波書店，1993 年：第 63 頁。

伊藤博文与东亚的近代改革思想

——泷井一博著《伊藤博文》的另一个视角

张晓明*

[摘　要] 伊藤博文是一个与东亚的近代改革有着密切关联的历史人物。泷井一博教授著《伊藤博文》以文明、立宪国家、国民政治三个视角重新塑造了一个学者型政治家的形象。通过对该书结构的解构和评介，可以发现泷井教授笔下伊藤博文对于东亚近代改革的思想脉络，这也为思考伊藤博文的历史位相提供了更广阔的思考空间。

[关键词]《伊藤博文》　东亚　近代改革　位相

春帆楼对于大多数中国人而言是一个陌生的名字。但如果一提起《马关条约》，相信大家就能恍然大悟。1911 年梁启超曾在夜泊马关访春帆楼时写下"明知此是伤心地，亦到维舟首重回。十七年中多少事，春帆楼下晚涛哀"的诗句。春帆楼，一个极富文人气息的名字。1895 年，中日两国在日本马关的春帆楼这个不起眼的河豚料理店中签订了《马关条约》。在签订《马关条约》的整个过程中有两个不得不说的人物，一个是中方代表李鸿章，另一个则是日方代表伊藤博文。

关于李鸿章的历史评价，可以用"毁誉参半"一词来形容。梁启超在作《李鸿章传》时说："孟子曰，知人论世，世固不易论，人亦岂易知耶。"[①]可见，全面地评价一个历史人物，特别是像李鸿章这种"大人物"，是一件极其困难的事情。与之相似，学界和评论界对于伊藤博文的评价也颇具争议。尤其是司马辽太郎把他看作一个"二流以下的政治家"。因此，基

---

*　张晓明：北京第二外国语学院日语学院副教授，研究领域为日本思想史、中日儒学交流史。

① 梁启超：《李鸿章传》. 上海：三联书店，2000 年：第 1 页。

于学界和评论界对伊藤博文"模糊又难以评定"的现状，泷井一博教授尝试挖掘伊藤博文潜在的思想以揭示其学者型政治家的面目，即《伊藤博文》一书的问题意识："挖掘政治家伊藤博文潜在的思想。"① 既然是"潜在思想"，那就一定是存在于历史的皱褶处不能被轻易发现的部分。于是，泷井教授用实证的"刚性结构的论文"从大量的史料中提取出了作为"学者型政治家"的伊藤博文的形象。这一历史形象极大地冲击了一般认识中的伊藤博文形象，之所以会造成这种认识上的冲击主要是我们对伊藤博文的了解更多停留在《马关条约》的签订上，或者还有一个重要的事件，那就是 1909 年朝鲜义士安重根在哈尔滨火车站击毙了伊藤博文。在对伊藤博文的认识中不自觉地牵涉了中国与朝鲜半岛，这就构成了一个更加宏观的"大历史"的格局——东亚的近代改革。在这个宏观的历史格局下，伊藤博文到底与东亚发生了哪些关联，产生了怎样的反应，这些问题迫使笔者从该书的译者转变为读者。可以说，东亚的"大历史"格局提供给了笔者一次重新审视泷井一博教授所著的《伊藤博文》的机会。

一　东亚与近代的"遭遇"

19 世纪，东亚各国不约而同开启了近代的进程，但是无一例外都是在西方列强的暴力下的一场"遭遇"。尽管泷井教授探讨的主要对象是伊藤博文，但是在东亚与近代的"遭遇"中，伊藤博文的形象始终贯穿在整个东亚的近代改革。因此，沿着这场"遭遇"的整体历史脉络所展现出来的伊藤博文的形象也会更加立体和真切。

从东亚近代的广泛意义来看，首当其冲的是中国。时值 1840 年鸦片战争，英国在海军少将乔治·懿律（George Elliot，1784～1863）、驻华商务监督查理·义律（Charles Elliot，1801～1875）的率领下，以 47 艘军舰、4000 陆军之力，叩开了中国南门，最终清政府战败，与英国签订了中国历史上第一个不平等条约《南京条约》。从此，中国在割地赔款的同时，屈辱地被迫开启近代进程。在这一历史意义下，太平天国运动、洋务运动、

---

① 泷井一博 著，张晓明、魏敏、周娜 译：《伊藤博文》. 南京：江苏人民出版社，2021年：第 8 页。

戊戌变法、义和团运动，一直到辛亥革命，中华民族以不同的形态在与近代的"遭遇"中进行自我救赎。与此同时，日本也在面临同样的危机，为了武力逼迫日本开国，1853 年美国东印度舰队司令马修·佩里（Matthew Calbraith Perry，1794～1858）将军率 4 艘军舰来到江户湾口，史称"黑船来航"。之后，佩里又于 1854 年再度率领 7 艘舰队直逼横滨，并最终签订《日美亲善条约》。佩里率军舰打开日本国门的行为，历史上又叫作"佩里叩关"。"黑船来航""佩里叩关"都为幕末的倒幕运动以及明治维新埋下了伏笔。朝鲜半岛所面临的处境也不容乐观，兴宣大院君李昰通过拥立自己的儿子高宗李熙成为摄政，对于西方列强的步步紧逼，他在进行大院君改革的同时，继续闭关锁国。于是，从舍门将军号事件、① 丙寅洋扰、② 辛未洋扰③到 1875 年日本军舰云扬号入侵江华岛，朝鲜王室与日本签订《江华条约》，后在清政府的斡旋下，又与美国签订《朝美修好通商条约》。

虽然东亚三国在与近代的"遭遇"中都受到西方列强的强烈冲击，但是三国的关系呈现出一种极为微妙的隐性关系。在鸦片战争发生后，中英战争情报由荷兰商船和中国商船迅速传递到日本，④ 而清政府的战败极大地刺激了日本的思想界，特别是对幕末思想家佐久间象山的思想转变起到了决定性的作用，他主张建立系统性的海防，并引进大炮、军舰。可以说鸦片战争促使佐久间象山完成了从一个保守的朱子学者到洋学家的蜕变。此外，另外一个受到鸦片战争影响的思想家是吉田松阴，关于鸦片战争与吉田松阴的关系，郭连友不仅指出鸦片战争对吉田松阴的思想影响主要来自他的兵学老师山田亦介和《坤舆图识》，还认为鸦片战争促使吉田松阴形成了新型兵学观和民政观。⑤ 而吉田松阴恰巧又是伊藤博文的老师，当吉田松阴因为安政大狱被处死后，伊藤博文与木户孝允一起领回了老师的遗骸，泷井教授在《伊藤博文》中评价说："不难想象，老师面目全非的

---

① 1866 年美国武装商船舍门将军号（General Sherman）入侵朝鲜平壤的历史事件。
② 1866 年法国武装侵入朝鲜王朝的历史事件。
③ 1871 年美国武装侵入朝鲜王朝的历史事件。
④ 详见佐藤昌介：『洋学史研究序説』. 東京：岩波書店，1964 年。
⑤ 详见郭连友：《吉田松阴与近代中国》. 北京：中国社会科学出版社，2007 年。

样子会给多愁善感的青年的心灵带来巨大的冲击和感慨。"① 从吉田松阴与伊藤博文的师徒情谊可以想象到鸦片战争对吉田松阴思想的影响也会连同他的死亡一并刺激到伊藤博文。随着明治维新的成功，伊藤博文也开始了他对明治政体的建构。

　　然而，鸦片战争后的中国和朝鲜则是另外一副光景，中国虽然推行洋务运动，但是仍继续遭受列强的欺凌，特别是 1894 年中日甲午战争，日本以弹丸之地击败李鸿章的北洋水师，而后李鸿章与伊藤博文分别作为中日代表在马关春帆楼签订了《马关条约》。朝鲜也同样处于一个极为动乱的节点，大院君倒台后，闵妃当权，她一方面对日本采取极为暧昧的态度，另一方面又希望借助中国的力量牵制日本。但是，由于甲午战争中国战败，闵妃眼看中国指望不上，于是又转向俄国。不过，随着 1904 年日俄战争俄国战败，这一希望也随之破灭。在此期间，高宗李熙还将朝鲜王朝改为"大韩帝国"，但又不得不与日本签订"保护条约"，设立统监，担任第一任韩国统监的正是伊藤博文。于是，在东亚与近代的"遭遇"中，伊藤博文成为勾连中日韩近代改革动态的线索。换句话说，伊藤博文的改革思想正是东亚近代改革的一个缩影。

二　伊藤博文的改革思想

　　一般来说，大致可以将泷井教授的《伊藤博文》划分为两个部分，一部分是第一章到第五章，主要论证作为"思想家"的伊藤博文；另一部分则是第六章和第七章，探讨伊藤博文与清末改革以及统治韩国。② 这其中涉及泷井教授所讨论的伊藤博文的渐进主义秩序观、知识的特质、中国观以及统治韩国的目的等问题。但是，如果将第一章到第五章与第六章、第七章平行来看，分成三部分的话，就会显现出一幅东亚近代改革的历史画

---

① 泷井一博　著，张晓明、魏敏、周娜　译：《伊藤博文》.南京：江苏人民出版社，2021年：第 3 页。

② 刘岳兵：《伊藤博文是什么样的政治家?》.《读书》2021 年第 1 期；另载于泷井一博　著，张晓明、魏敏、周娜　译：《伊藤博文》"中译本寄语".南京：江苏人民出版社，2021年：第 2～3 页。

面，尽管这幅画面是围绕伊藤博文展开的。那么，在《伊藤博文》中，泷井教授到底探讨了伊藤博文怎样的东亚改革思想呢？

在第一章到第五章中，泷井教授用五个章节细致地讨论了伊藤博文所构建的明治国家体制。其中，泷井教授反复强调了伊藤博文的明治国家体制特质，比如"作为文明国的必要条件，尤为重要的是有知识开化的国民"①，"所谓文明的政治，被认为是以国民为主体的政治"，"宪法政治是所谓文明政治的代表"②，"政治必须是以国民为中心的"③ 等。这正是泷井教授在思考伊藤博文的明治国家体制时所立足的文明、立宪国家、国民政治三个视角。

在第六章"清末改革与伊藤博文"中，泷井教授以伊藤博文所经历的戊戌变法为开端，引出了他对中国近代改革的观点。伊藤博文在与庆亲王的对谈中建议其以人为本建立国家。"庆亲王曾问：国富之道如何，其将以海关税为基本耶？伊藤坚决地回答说：否，富国之本岂在关税焉。一国之富源在民之殖产。"泷井教授以此明确指出对于中国近代的改革，伊藤博文仍然强调人才是运作制度的关键。同样，泷井教授在探讨伊藤博文作为韩国统监的"亚努斯"时，指出伊藤统治韩国的哲学在于"文明"，而文明的内涵可以归结为民本主义、法治主义、渐进主义三要素。在这里，我们又重新看到了伊藤博文对"国民"的重视，在他和高宗的对话中民本主义的思想体现得淋漓尽致，高宗问：如何使我韩国国力发达，国运隆盛耶？伊藤回答说：不应不俟国民之富力。泷井教授认为伊藤博文在统治韩国期间反复强调民本主义是国民政治的理念。在这里会产生一种错觉，就是伊藤博文的民本主义思想是否对应了儒家王道思想中的民本。关于国民的经济能力，伊藤博文强调"不应不先保障身体财产之安固"。据此，泷

① 泷井一博 著，张晓明、魏敏、周娜 译：《伊藤博文》. 南京：江苏人民出版社，2021年：第116页。
② 泷井一博 著，张晓明、魏敏、周娜 译：《伊藤博文》. 南京：江苏人民出版社，2021年：第118页。
③ 泷井一博 著，张晓明、魏敏、周娜 译：《伊藤博文》. 南京：江苏人民出版社，2021年：第120页。

井教授指出伊藤博文主张的不是王道论，而是法治主义。①

除了民本主义和法治主义之外，伊藤博文改革思想最大的特质就是渐进主义。泷井教授认为伊藤博文在统治韩国的过程中坚定不移地坚持渐进主义的原则。渐进主义这一点，也是贯穿《伊藤博文》一书的一个重要线索。在伊藤博文建构日本明治国家体制的论述中，泷井教授通过考察伊藤博文早期对货币制度的态度，指出货币制度的构想是他渐进主义思想的胚胎。② 而岩仓使节团的亲身经历则让伊藤博文从急进转向渐进。③ 于是，在政党问题上，伊藤博文否定了政党内阁即将实行的急进论。④ 与统治韩国的原则一样，泷井教授还指出在渐进主义这一点上伊藤博文与晚清倡导洋务运动的张之洞产生了思想的共鸣，"我想此时的伊藤博文与张之洞之间已然萌生出真挚的友情，这得益于二人在思想上的共鸣，即避免激进的改革，通过渐进式的改革实现近代化"⑤。这一点的充分表现是张之洞的教育论。关于张之洞的教育论，泷井教授概括为两点：一是"天下广设学堂"，中学为体，西学为用；二是培养兼通中西的人才。一般而言，张之洞的教育论会被看作从表面正式学习西方文明的产物。不过，泷井教授在川尻文彦观点⑥的基础上，重新分析了张之洞的《劝学篇》，他指出张之洞将西方学术思想分为"政"和"艺"两类，"政"指的是政治、经济学等学科，而"艺"则指的是数学、光学、医学等物理学与化学学科。于是，泷井教授指出："这确实很难让人相信张之洞的真实意图是以移花接木的形式将

---

① 泷井一博 著，张晓明、魏敏、周娜 译：《伊藤博文》. 南京：江苏人民出版社，2021年：第 270 页。

② 泷井一博 著，张晓明、魏敏、周娜 译：《伊藤博文》. 南京：江苏人民出版社，2021年：第 22 页。

③ 泷井一博 著，张晓明、魏敏、周娜 译：《伊藤博文》. 南京：江苏人民出版社，2021年：第 24 页。

④ 泷井一博 著，张晓明、魏敏、周娜 译：《伊藤博文》. 南京：江苏人民出版社，2021年：第 81 页。

⑤ 泷井一博 著，张晓明、魏敏、周娜 译：《伊藤博文》. 南京：江苏人民出版社，2021年：第 233 页。

⑥ 川尻文彦认为："（张之洞的）'中体西用'论是湖南维新派为核心提出来的，因此，该主张可以看作为引入西洋学术思想、制度所做的积极准备。"详见川尻文彦：《"中体西用"论与"学战"》.《中国研究月报》1994 年第 558 号：第 7~8 页。

中学嫁接到西学上来。"① 此外，泷井教授的另外一个论据来自张之洞与伊
藤博文会谈时的翻译——辜鸿铭。当然，这算是近代史上的一桩趣事。在
张之洞与伊藤博文会谈的过程中，辜鸿铭将自己翻译的英文版《论语》赠
送给伊藤博文，不料伊藤却说：孔子的教育是几千年前的思想，对于今后
的 20 世纪有什么意义。辜鸿铭听后回答说：几千年之前也好，20 世纪也
罢，$3 \times 3 = 9$ 从来就没有发生改变。但是张之洞却责备辜鸿铭说：你还没
有听说过 20 世纪数学的变革吗？如今我们向外国借款，哪里是 $3 \times 3 = 9$，
分明是 $3 \times 3 = 7$，但是，还款的时候就变成 $3 \times 3 = 11$ 了。② 这是一段极富
有讽刺意味的对话，泷井教授认为这段对话恰恰体现了张之洞没有一味恪
守中学道路，而是顺应时代趋势、活学活用。

不过，泷井教授也指出，伊藤博文对中国的近代改革是持消极态度
的，因为伊藤认为立宪制度无法适用于地域广阔、民族众多的国家。对于
韩国的近代改革，泷井教授认为伊藤博文具有"亚努斯"的两副面孔：一
是"文明"的传道士，一是日本宪法的改革者。泷井教授的这些结论是在
过去的伊藤博文研究中鲜有关注的问题。可以说，泷井教授在《伊藤博
文》中时刻在尝试"尽可能避免过去研究中的思维定式对本书的影响，以
期待更加深入地洞悉伊藤博文的思想"③。

---

① 泷井一博　著，张晓明、魏敏、周娜　译：《伊藤博文》. 南京：江苏人民出版社，2021
年：第 233 页。
② 原文如下。辜鸿铭部郎云："日本故相伊藤侯，甲午后解职来游中国。至武昌，适余所译
《论语》英文告成付刊，即诗一部赠之。伊藤侯谓余曰：'闻君素精西学，尚不知孔子之
教，能行于数千年前，不能行于今日之二十世纪乎？'余答曰：'孔子教人之法，譬如数
学家之加减乘除。前数千年其法为三三如九，至如今二十世纪，其法亦仍是三三如九，
固不能改如九为如八也。'云云。予闻此言，谓辜部郎曰："君今尚不知目今二十世纪数
学之改良乎？前数学谓三三如九，今则不然。我借洋款，三三如九则变作三三如七；俟
我还洋款，三三如九则变作三三如十一。君尚不知此，无怪乎人谓君不识时务也。"详见
辜鸿铭：《张文襄幕府纪闻》. 太原：山西古籍出版社，1995 年：第 19 页。此原文标题为
"新算数"，根据辜鸿铭、伊藤博文、张之洞三人的对话，原文透着一股讽刺的意味，而
非泷井教授所谓张之洞顺应时代趋势的意思，所以泷井教授在此处的论述值得商榷。
③ 泷井一博　著，张晓明、魏敏、周娜　译：《伊藤博文》. 南京：江苏人民出版社，2021
年：第 233 页。

三 伊藤博文的历史位相

在《伊藤博文》一书的"后记"中，泷井教授强调"在本书中我想塑造一个与此前印象有所不同的伊藤博文形象"①。那么，"此前"到底是一个怎样的伊藤博文形象呢。首先想到的是《明治宪法》，而伊藤博文就是这部让日本走向军国主义道路宪法的罪魁祸首。此外，签订《马关条约》，担任韩国统监，其恶行比比皆是。较之负面的评价，泷井教授通过"制度的政治家""国民政治""文明政策"等标语给出了"学者型政治家"的评价。不过，泷井教授也提示伊藤博文改革思想的问题在于过度强调主知主义，缺少对民族主义的认识。"对于韩国人而言，伊藤博文是一个从外面来的他者，他们很难接受被一个他者逼着扣上一顶文明的帽子。不过，伊藤博文并没能领会到这一点。"②

泷井教授的这段评价与孙歌教授在"东亚视角的认识论意义"中的观点有异曲同工之妙，孙歌教授说：

> 对于生活在通过殖民手段征服过世界的西方社会中的思想家而言，创造一种面对东方的彻底的自我否定方式（它不仅意味着他者在主体的自我否定过程中具有摧毁性的功能，而且意味着这种摧毁性功能同时拒绝自我成为他者）是缺少理由的。③

因此，孙歌教授指出，认识论的视角需要具备两个方面，一是在认识层面创造一种开放性的统合模式；二是不可避免地要求重新清理我们已经习以为常的价值判断体系。同样，在东亚近代改革的问题上，伊藤博文不仅批判儒学，而且不重视民族主义。这使得泷井教授所强调的"文明"很

---

① 泷井一博 著，张晓明、魏敏、周娜 译：《伊藤博文》. 南京：江苏人民出版社，2021年：第 310 页。

② 泷井一博 著，张晓明、魏敏、周娜 译：《伊藤博文》. 南京：江苏人民出版社，2021年：第 310 页。

③ 孙歌：《寻找亚洲：创造另一种认识世界的方式》. 贵阳：贵州人民出版社，2019 年：第 168 页。

难在中国、韩国的改革中得到认可。或者可以说,这是伊藤博文这个"他者"罔顾中国与韩国主体性的必然结果。而后来的历史也证明,无论是中国还是韩国以及朝鲜都没有接纳伊藤博文的"文明"。但是,在伊藤博文所谓的"文明"过程中,中国、韩国所遭受的侵略战争也成为评价伊藤博文的一个重要参照。关于伊藤博文的历史位相,刘岳兵教授在"中译本寄语"中说:

> 对于历史人物的评价,都难免受到时代的影响。对历史影响越大的人物越是如此。比如福泽谕吉,对其思想评价的历史几乎可以说就是一部日本近代思想史的缩影。伊藤博文也属于这种"大人物",更具多面性,而且处在激荡的明治时代这一日本历史的转型期,其影响涉及近代日本的方方面面,对他的评价可以说直接与对明治时代的评价、日本近代化的评价紧密相关。随着历史的发展和世界局势的变化,相关评价不可能不变化。因此,对这股新的研究潮流,我们也要历史地看。

的确如此,关于伊藤博文的历史位相,相信在泷井一博教授著《伊藤博文》之后,会引发更多的争论和评价,这恰恰是从多元的视角审视东亚历史的表现。作为该书的译者之一,希望《伊藤博文》的中文译本可以引发东亚学界的进一步思考和讨论。

会议综述

国际视野下的日本研究现状及展望论坛

——暨"国际日本研究中心"成立仪式

[**编者按**] 北京第二外国语学院日语学院在 2020 年 12 月 12 日举办了国际视野下的日本研究现状及展望论坛暨"国际日本研究中心"成立仪式。论坛邀请国内高校极具影响力的日语负责人做专题报告，各位专家学者从国际视野出发，紧扣当下日本研究的现状，尝试寻求日语学科在新时代、新文科、新外语的变革。根据各位专家学者的发言做如下会议综述。

杨玲教授

（北京第二外国语学院日语学院院长、国际日本研究中心主任）：

众所周知，从新冠肺炎疫情发生以来，我们的在线教育经历了严峻的考验。大家可能也都发现，学术活动其实是在今年进入秋冬季之后开始急速地恢复，尤其在经历了快一年的线上线下教学的历练之后，学术活动因为有线上的形式呈现出更加跨学科、跨区域、跨国家的特点，更加国际化，超越过往的活跃。今天会议论坛的一个典型特征就是在座的各位专家学者所属高校大都设有具有丰富历史与经验的研究院所。因此，国际视野下的日本研究现状与展望论坛希望各位专家结合各位院系的背景，就日本研究的现状、所面临的问题以及未来的展望，结合当下国际政策、教育环境，尤其是结合新文科学科发展需求的大背景来进行交流。

严格来说，今天我们邀约的在座的各位专家学者不都有单一单纯意义的外语学科的背景，但研究对象都聚焦在日本研究，呈现国际视野，兼具跨学科研究路径、背景和方法。这也正是今天我们这个论坛与众不同、意义非凡之处。北二外现在作为北京市属高校唯一一所外语类大学，在北京市单位大学中进入高水平特色大学建设，立足北京，明确服务首都、服务北京国际交往中心、文化中心的大学定位，以"融中外、兼知行"为办学理念，以外语与旅游为优势特色学科，坚持内涵发展，强化交叉融合，致力于培养多语种复合、跨专业复合，具有家国情怀、国际视野的复合型人才，建成具有鲜明北京特色的高水平外国语大学是学校的建设目标。目前，北京第二外国语学院日语学院拥有专业教师 41 人，另外还有特聘教授孙歌老师，其中，教授 8 人，博士率 80%，高级职称占 60%。从现在的年龄结构、学历结构来看，日语学院越来越迈向一个非常良好的状态。与此同时，日语学院日语专业也是第一批国家级双万计划、一流本科专业，国家级特色专业，教育部专业综合改革试点专业，拥有国家级优秀教学团队、北京市优秀教学团队，两次获得北京市教育教学成果奖一等奖。

回顾历史，实际上，日语学院早在 2001 年就在日语专业、日语学科内设立了日本研究所。为了应对当下新文科发展的需求，进一步应对外语学科的改革与时代发展需要，我们在现有的日本研究所的基础上，结合我们自身的特色，成立国际日本研究中心。希望借助这一学术平台在学科建设、学术发展与交流、人才培养等方面和我们学院的同仁一起有所作为，我更希望能通过我们的国际日本研究中心的学术交流平台和机制，在国内日语学科内、在新文科发展背景下的日本研究领域中找到我们研究中心的定位。

陈秀武教授（东北师范大学日本研究所所长）：

我今天带来的这个题目是"外语学科的背景下的国别与区域研究"。首先是话题的缘起，在 2013 年 4 月的时候，在国务院学位委员会办公室关于学位授予和学生培养及学科简介的内容中涉及结合外国语言文学与外国文学研究方法去研究外国文学、翻译、国别与区域。在这个文件中出现了"国别"与"区域"这个概念。之后，在 2018 年 1 月 30 号教育部召开了第二场教育新春系列新闻发布会，高教司在做介绍时，公布了普通高等学校本科专业类教学质量国家标准，简称"国标"。这是向全国全世界发布的第一个高等教育教学国家质量的标准。我觉得我今天要谈的这个背景，第一个是本科教学当中的国别与区域；第二个就是外语学科一定要走出原来的那种范式，也就是说培养一些教书人才或者是高校教师。我觉得最大的背景应该是要把外语学科的构建放在中国与周边国家关系的这种背景下来探讨。这种是我们国家最需要的。目前,中国尤其是在新时代这个背景下,政治、经济、文化各方面都在上升期,中国的发展肯定会影响与周边国家的关系。因此,我认为日语学科的构建需要放在中国与周边国家的关系的背景下来考虑。根据 2018 年的"国标",外语类专业属于全国高等学校人文社会科学学科,设外国语言学、外国文学、翻译学、国别区域研究还有比较文学和跨文化研究。从 2013 年到 2018 年,五年期间国别区域研究也被纳入"国标"体系,这是个大的变化。"国标"规定,外语类人才培养的目标是适应我国对外交流、国家与地方经济社会发展,各种涉外行业、外语教学教育与学术研究需要的各类外语专业人才和复合型人才。但是区域与国别研究怎样才能介入外语学科,怎么样才能进入外语学科中来,我觉得国际日本研究可以让我们打开更广阔的视野。政治学、经济学、国际关系,包括跨学科的一些内容,我觉得都可以充实进来。

外语学科的教学实践如何体现国别与区域研究。我想外语学科的本科生,读两年外语就应该达到一定程度,也就是说外语学科一二年级学生学外语,在掌握了外语工具后,三四年级的时候用外语学。这个时候,我觉得应该有意识地将区域与国别研究引入外语教学。

"多学科跨学科的综合领域"是今后未来的一个方向。本科教学尤其是语言教学,主要可以分为四个维度:一是空间维度,空间维度就是谈地理、环境、领土、网络;二是历史维度,即民族、国家、地区和历史经验,这属于历史学领域;三是文化维度,即语言文字、宗教、文化;四是社会维度,包括政治、经济等社会科学领域。基辛格在《论中国》中也提出这样的四个维度来看中国。我觉得这是未来国别区域研究介入外语学科要关注的四个维度。

接下来,我谈一下东北师范大学的日本学研究情况,东北师范大学日本学分三块,日语系、留日预校和日本研究所。这个日本研究所与北二外日语的历史一样,也是 1964 年在周恩来总理的指示下成立的。当时全国的日本研究所一共有五家,五所高校日本研究所也都是由周恩来指示成立的。从地理位置由北到南,有东北师范大学、吉林大学、辽宁大学、南开大学、河北大学。那么,为什么是 1964 年呢? 1964 年世界发生巨大变化,周总理走访了很多国家。而且，1964 年对于日本来说，也是非比寻常的，比如奥林匹克运动会在日本东京召开、新干线的开通，还有战后经济复苏期已经结束、已经走上经济高速增长这样一个时间点。周总理很有眼光，就是说周总理认为当时就应该加大对日本的国别研究。于是，日本研究所就从东北师范大学的日语系、留日预校抽离出来。关于日本研究所的专业设置，按照世界史、世界经济、国际政治、外语语言文学的框架，主要有日本史、日本经济、日本政治、日语语言文学。此外，我们还有一个研究平台是"伪满"历史文化研究基地，该基地是我们研究所国别和区域研究中的特色，这一特色基于我校所在的东北地区，所以我们打出东北伪满洲国这个特色来搞研究。最后，近两年日本研究所创刊了一个杂志，叫《近代中国东北与日本研究》，是年刊，一年一本，现在在知网也可以查到。

周异夫教授

（原吉林大学外国语学院院长，现北京外国语大学日语学院院长）：

我今天所思考的问题是国别研究到底应该是什么样的。作为综合类大学或者外国语大学，原来是以语言文学文化研究为主的教学和科研单位，应该如何去定义研究中心，如何去定义国别研究，我觉得这可能是需要大家共同探讨的一个问题。目前，区域国别研究是外国语言文学一级学科下设的一个重要的领域，它定义在外国语言文学学科下。日语学科也应该有这样的一个学科研究的领域，或者是一个方向，那么我们如何定位？外语学科，特别是日语学科到底应该往哪个方向走？我觉得这是我们培养本科生人才的老师们特别头疼的一个问题。一方面我们的人才培养必须进行基础的语言教育，另一方面我们又必须进行一些新的思路的拓展。原来 70 年代或 60 年代更早的时候，日语专业主要是语言学，所以日语就是要学好日语，掌握听说读写译。随着时间的变化，随着人才培养的发展，随着研究领域越来越宽，最初单纯的语言逐渐变成了语言、文学、文化。这些年大家说得最多的就是"日语 +"、"复合型"或者说"应用型"。

这是一个变化。那么我们做的这些和我们现在所说的区域国别研究是什么样的关系呢？它是不是区域国别研究呢？我想在不少专家学者中可能会有一个共识，其实我们到现在为止做的这些工作，人才培养、学术研究，它本身就是国别研究中的一个部分，或者说是一个环节，只不过原来我们做的可能是一些基础，而今后要做的区域国别研究领域越来越宽泛，需要我们有更广泛的更加深入的了解和研究。在这样的一个前提下，关于区域国别研究，我们能做什么？作为传统上进行语言文学方面人才培养的教育机构，不管是综合类大学，还是外国语大学，抑或是其他类别的单科类大学，都可以通过成立一个机构把更多的人力物力集中在一起来做区域国别研究。那是不是会有一个担心，今后大家会不会有一个同质化的倾向。所以问题就在于每个学校日本研究的优势在哪里，我们能够做的是什么。如果说是特色，可能就是一家两家没有的，是独一无二的；如果说是优势，就是说只有这一所学校培养出来的学生的学术研究是非常有影响力的。在这里，我想以吉林大学的东北亚研究院为例，做简单说明。吉林大学的东北亚研究院是一个综合的研究体，但是，单纯从日本研究来说，不仅包括了语言学、文学、文化研究，还包括了国际关系、经济学，包括政治等多方面的研究。就在几年前吉林大学的外国语学院和吉林大学东北亚研究院签订了一个框架的合作协议，进行联合的学术研究和人才培养，发挥各自的优势，因为事实上东北亚研究院很多研究人员都是吉林大学日语专业毕业的，在进入东北亚研究院后他们会有一个转型，有一个专业的变化，现在他们的发展方向越来越多地弱化了语言文学文化研究，更加重视政治、国际关系、经济方面，而且在这些方面越来越多地形成特色。与此同时，在吉林大学的日本研究中，还有另一支队伍，研究的是经济学。这支队伍有一个国际经济团队，专门进行日本的经济研究。如果说我们日语专业也同样做日本经济的研究、国际关系研究、政治研究，我觉得我们是没有任何优势的。所以作为吉林大学的日语专业或者吉林大学外国语学院，在 2012 年的时候就已经开始了有关区域国别研究中心和基地的建设。在 2012 年 12 月获批的吉林省国际语言文化研究基地是第一家吉林省哲学社会科学重点领域研究基地。

在这里我想说的重点是日语专业并没有扩展到经济研究，或者说更广泛更加深入的包括法律在内的国际关系的研究。我们还是以语言文化为基础，以文本研究为基础，发挥我们的优势。考虑到语言学、文学领域的相对狭窄性，我们更多融入了比如说历史学、思想史、社会学等领域的一些内容，让它充实起来，靠这些把我们自己的特色建立起来。当然，我们也建立了学院级别的日本学研究中心，再加上长春中日交流之窗，共同进行区域国别研究的建设。另一方面，我们的学生也需要有更广阔的视野，所以我们也会请东北亚研究院的教授对学生进行讲座授课，推动课程互选，以此拓展学生的视野，拓展研究的领域和方向，并且推动共同合作进行课题研究。当今的这些学术研究更多的是需要一个学术的团队，团队的建设需要有共同的研究领域和方向。所以，我想区域国别研究的重点是要在原有基础上拓展、拓宽的同时不断融合，在方法上是跨学科、跨领域的，但不是丢掉自己的特长的。

宋金文教授（北京外国语大学日本学研究中心主任）：

今天我思考的一个题目是"新时代日本研究的课题展望"。首先要说的就是新时代，新时代里面日本研究我们怎么搞，然后有什么课题，从这个角度去谈一谈我一些粗浅的想法。在这之前我先说一下日本研究的现状是什么。我就不谈个别学校的现状，谈我们整个日本学研究领域里面日本学的现状。首先我觉得应该从结构上去看日本学研究，既然我们是国际化视角的话，当下日本研究的现状主要包括三个层面。

第一，跟地域和场所有关的研究。主要有跟地区相关的研究，比如中日关系、中美关系；区域关系研究，比如东北亚、东亚研究；两国关系研究，比如中日关系、日韩关系、中韩关系等。还有周边关系研究以及地区相关的领土、海域、具体的某个地区城市研究。

第二，日本研究是一个非常宽的研究领域。关于日本研究我觉得很多方面都可以进行研究，比如与客观事实相关的可以进行研究，它存在的价值也应该去研究。文化当然也是客观事实，而对文本的分析则是对于一个客观事实存在的文化载体的研究，还有历史军事，这些都是客观存在的东西。日本研究应该就把这些东西都涵盖进来，这样才不会失之偏颇。

第三，跟主观世界相关的研究。比如思想，每个人、每个地区、每个国家都有一种想法思想的研究。众所周知，中国与日本价值观不一样，美日不一样，中美也不一样。这些主观世界是怎么形成的？还有我们怎么去理解？一般而言，想去了解一种新生思想价值观，必须在非常深厚的客观事实理解的基础上，才能够解释文化的特质以及思想的特质本质。我认为这是国际视域的一个基础。

当然，我现在还有另外一个看法，就是我们国家的日本研究是不成比例的、失衡的。虽然目前日本研究有很多领域，但是仔细看一看的话，它并不是那么均衡的，比如语言学、文学研究得多，但其他研究就寥寥无几。所以，国际视野需要我们不断去充实相关科研力量，进一步调整领域间的平衡。

接下来，我简单介绍一下北京日本学研究中心的国际化。第一个是中日联合培养，日研中心得到了日本国际交流基金的大力支持，每年都会从日本各个领域派遣不少专家学者来授课。第二个是国际化硕士双学位的培养制度，就是把学生送去海外，获得海外的学位。目前，我们已经有四个双学位的学校。第三是鼓励博士生参加国际学术会议，就是说要求博士生有机会一定要去国际学会去发表。最后，我想学术活动要有一些共同交流的平台，增加校际沟通与合作，这样才能形成一种更加有效的国际视野。

张玉来教授（南开大学日本研究院副院长）：

目前受中美贸易争端的影响，全球都出现了所谓的脱钩风险。国际越脱钩的话，中国的压力越大。而现在我们对日本的认识也不再像以前那样，以前经济学的主流是欧美，特别是美国。但是，现在我们可以看到那些主流声音正在发生改变，包括对日本整体的定位也发生了变化。所以这是我们现在日本研究好像出现了新的转移的一个重要依据，我觉得这个是非常非常重要的一个时机。

今天的主题是"国际视野下的日本研究"。首先，一定要在一个大的学科范围下讨论日本研究。现在咱们全国的日本研究有不少学会组织，我觉得老师们一定要先加入这些团体，走一个学术共同体的道路。另外，我想说我们要有自己的声音。比如在座的去过日本和没去过日本的人对日本的印象完全不一样。因此，我们需要大量对日本的解读。而我就是从经济的角度去研究日本，所看到的结果与报道也有差异，特别是十九大之后中国与日本的关系，中国转型了，社会矛盾转变了，今后我们要追求质量，不是以前那样只要发展就行，所以说对中国来讲，今后日本"1亿总中流"

的经验反而值得我们好好学习。因此，我建议大家一定要加入各个学会组织，这样的话会有很多信息、渠道、人脉关系。对我们来讲，现在日本研究处于一个信息的时代，如果没有信息的话，日本研究也就没有共鸣的兴趣点。同时，要在研究中运用好日语这一工具，寻找到切实的路径，迈向一个新台阶。南开大学日本研究院在 2015 年拜访了哈佛大学的东亚研究中心，就是傅高义他们那；然后 2019 年与英国的日本史学会进行了交流；本来今年要去德国的日本研究中心，但因为疫情未能成行。我们试图通过这样一种方式看看世界的日本研究是什么样子的，我想这也符合今天所说的国际视野吧。但是，我想我们也需要先看看目前全国的日本研究是什么样子的，再决定往哪个方向走。

其实，现在的日本发生了很大的变化，我们总是隐隐约约感觉它仍然很强大，但是又不知道它哪儿强。比如最近有一个非常畅销的动漫叫《鬼灭之刃》，它是索尼旗下的一个产品。但是，从经济学角度或者从管理学角度来看的话，就会发现虽然我们已经看不见索尼了，但是事实是它已经完成了一个非常漂亮的转型。也就是说，从不同的角度，我们会解读出很多不同的东西来。因此，第一是要把队伍壮大，第二是视野的搭排，第三是要跨学科。现在最讲究的就是跨界，就是因为单纯地从一个小的范围看问题，可能会受局限。

孙建军教授（北京大学日本文化研究所所长）：

从资历或者说从研究的领域来看，我觉得可能我现在从事的不敢说是日本研究，只能说是日本研究当中的一个很小的部分。因此，在这里我就把我看到的北京大学的日本研究给大家介绍一下。第一，我觉得北京大学的资源非常丰富；第二，北京大学的日本研究"正在重新整合"，北京大学区域与国别研究院把所有跟国别或者区域相关的 49 个机构都囊括在内。如果是这种姿态或者是研究的力度的话，我想北京大学的 49 个相关机构可能会不断地整合，然后在这个区域国别研究的一个大的框架之下，会有一个提升。

我再介绍一下北京大学日语系成立的日本文化研究所。1987 年日语系成立了北京大学日本文化研究所，我们的顾问非常重量级，从前有语言学家金田一春彦、思想家加藤周一等。此外，我们的金勋老师利用宗教学和哲学的一些资源每年召开学术研讨会。

实际上，我在想我们北京大学日语系到底能做什么。我觉得北京大学其实本身就是一个研究对象，比如说留学生的历史资料整理、北京大学和早稻田大学的关系。特别是早稻田大学的每一任校长到北京大学来的时候都要去李大钊的像前去参拜，这是他们必须做的一件事情，通过参拜、鞠躬，加深了他们跟北京大学的关系的认识，这一点对我们来讲就是一个重要资源。而且早稻田大学曾经有过一个清国留学生部，这个在网上也是公开的，清国留学生部当时也就运营了三年多，但是留下了很多的原始资料。这些资料，对于北京大学的日本文化研究所而言，其实是可以慢慢做研究的资源。而且我一直有一个想法，就是把北京大学的学生都发动起来，与教员之间整合起来，然后一起整理留学生历史资料。还有就是北京大学的学科建设与日本，这个以前有人做过，但是从留学生的角度来看的话应该是非常薄弱的，或者说还没有达到一定的深度。在这个新的时代的大环境之下，这值得我们重新再去整理一下。

李运博教授（对外经贸大学外语学院院长）：

刚才各位专家的发言中牵扯到两个"转"，一个是"转型"，还有一个是"转变"。"转型"可能过大，应当谨慎对待，但是关于"转变"，我们现在确实面临一个新的时代、新的常态而且有新的目标，这种时变、应变以及最终我们说的求变，这种意义确实要有。无论是学科建设还是人才培养的确都面临转变的重要问题。因此，我觉得"转变"这两个字里头应该是时变、应变还得求变。

一般而言，日语界、日语教育界特别是区域国别研究存在这么几个"大"。第一个是日语教育的规模大，除了英语以外就是日语，咱们一百多万人在学习，而且这种影响力也比较大。第二个是人才培养或者教育的贡献大，但是可能研究的贡献小。特别是在服务国家战略、支持地方经济发展等方面我们可能是隐性的贡献多。第三个是社会对于日语期待比较大，但是日语教师从出身包括转型、转变发展的空间比较小，换句话说，是受到施展空间的一种局限。这些无疑是对我们人才培养、学科建设以及科学研究提出的一个重要课题。

目前，国内成立了不少科研院所，区域国别研究也是热点问题。但是，我觉得这里我们还需要一个定位。最近对外经贸大学正在做一个涉外法律的课题，于是我们正好发挥多语种这样的优势，涉及投资环境特别是一带一路国家的文化和法律。从这一点来说，我觉得我们共同的日本研究可以有些错位发展或者特色发展，从而形成整个一个力量带动全国的日本研究。因此，对于"转变"，我们不能一下子都"转"，"转"肯定也有往左转、往右转的问题，这个可能还需要时间，拿时间换空间，但是这种"变"我们现在就要考虑。我觉得今天大家的讨论就是迈出了第一步，对我来说是非常大的一个启发，非常好的一种学习。

《国际日本研究》征稿启事

　　《国际日本研究》是由北京第二外国语学院日语学院、国际日本研究中心主办，社会科学文献出版社出版发行的学术集刊。

　　《国际日本研究》主要开设栏目有日语语言、文学、文化、翻译、漫画的跨学科研究，汉学钩沉，历史观察等，内容涵盖日语语言、文学、政治、经济、历史、哲学、翻译、漫画等；此外，《国际日本研究》不仅刊载其他与日本研究相关的外文（英语、德语、法语、阿拉伯语等）译稿，还将定期推出前沿日本研究的书评·书讯。《国际日本研究》一年两期，长期接收来稿。

　　投稿信箱：guojiribenyanjiu@ bisu. edu. cn

　　联系电话：010 - 65778263

　　请学界同仁惠赐佳作。

《国际日本研究》编辑部

《国际日本研究》体例规范

一　论文结构

论文基本内容应包括：题名、作者、摘要、关键词、正文、注释、作者简介。论文属于基金项目者标明项目名称、项目号（本文系……基金"……"项目［项目号：］阶段性成果），作者简介在文后（姓名，出生年月日，性别，民族，学历，工作单位，现职称、职务，专业，研究方向，联系方式：移动电话号码、电子信箱、详细通信地址及邮政编码）注明。

1. 标题一般不超过两行，字数在 30 字以内。

2. 中文摘要一般不超过 200 字，应能概述全文内容，关键词 3~5 个，关键词之间空一格。

3. 题目使用黑体 3 号加粗简体汉字，单位、二级学院、姓名使用楷体小 4 号，加粗，居中，摘要、关键词为黑体，加粗，附冒号，摘要、关键词的内容为宋体小 4 号。一级标题使用宋体 4 号加粗简体汉字，出现日语为小四号 MS MINCHO 体日文，中日文引文为五号字体，英文为 Times New Roman。

二　正文

1. 正文中的各级标题序号采用"一""二""三"……，"1.""2.""3."……。一级标题单独一行，居中（原则上到二级标题）。

2. 正文中出现大段引文时，另起一段，不加引号，段首缩进四个字符，字体改为楷体，日文引文需要翻译，原文置于脚注辅助说明。

3. 插图、表格等按其在正文中出现的先后顺序，用阿拉伯数字统一编号，如图 1、表 1。

三　注释

1. 请用页下脚注①②③……，编号方式采用每页重新编号。

2. 注释内容：字体为宋体小五号（日语 MS Mincho，数字与角标为 Times New Roman），两端对齐。

3. 注释引用为著作的格式：

作者：《著作名》. 出版地：出版社，出版时间：（第＊页）页码。

译著标注为：作者　著，译者 1、译者 2（空一个字符）译（张三、李四　译）：《著作名》. 出版地：出版社，出版时间：（第＊页）页码。

论文的格式：作者：《论文名》.《杂志名》20＊＊年第＊期：（第＊页）页码。

日文论文格式：作者：「论文名」.『杂志名』20＊＊年第＊期：（第＊页）页码。

图书在版编目（CIP）数据

国际日本研究. 第 1 辑 / 杨玲主编. -- 北京：社会
科学文献出版社，2022.5
ISBN 978 - 7 - 5228 - 0052 - 3

Ⅰ.①国…　Ⅱ.①杨…　Ⅲ.①日本 - 研究　Ⅳ.
①K313.07

中国版本图书馆 CIP 数据核字（2022）第 066265 号

国际日本研究 （第 1 辑）

主　　编／杨　玲

出 版 人／王利民
组稿编辑／张晓莉
责任编辑／俞孟令
责任印制／王京美

出　　　版／社会科学文献出版社·国别区域分社（010）59367078
　　　　　　　地址：北京市北三环中路甲 29 号院华龙大厦　邮编：100029
　　　　　　　网址：www.ssap.com.cn
发　　　行／社会科学文献出版社（010）59367028
印　　　装／天津千鹤文化传播有限公司

规　　　格／开　本：787mm × 1092mm　1/16
　　　　　　　印　张：12.75　字　数：192 千字
版　　　次／2022 年 5 月第 1 版　2022 年 5 月第 1 次印刷
书　　　号／ISBN 978 - 7 - 5228 - 0052 - 3
定　　　价／98.00 元

读者服务电话：4008918866

▲ 版权所有 翻印必究